사회적 감수성을 키우는 **시민 교과서**

사회적 감수성을 키우는
시민 교과서

사회 선생님이 들려주는 세금 이야기

살림Friends

미래 사회는 국가 간 교류가 급속히 확산되고, 지식의 생성·소멸 속도가 가속화되는 글로벌 지식 기반 사회입니다. 글로벌 지식 기반 사회에서는 다양한 문화에 대한 소통과 이해, 그리고 지식을 창출하고 활용할 줄 아는 창의적 능력이 요구됩니다. 이에 교육과학기술부는 미래의 주역인 우리 학생들의 소질과 특성, 잠재력을 키울 수 있는 창의·인성교육 확산에 힘을 쏟고 있습니다.

창의·인성교육에 있어서 누구보다 전문성을 가지고 계신 분들은 바로 교육 현장에서 직접 아이들을 지도하시는 선생님들이 아닐까 합니다. '**선생님 저자 되기 프로젝트**'는 선생님들이 교육 현장에서 체득한 창의적 교수법과 생생한 노하우를 동료 교사들과 함께 나누고, 철학·역사·과학·녹색성장·시민교육 등 다양한 분야의 재미있는 학습 길잡이가 되고자 진행된 사업입니다.

사회적 감수성을 키우는 시민 교과서

프로젝트의 결실로서 열여섯 권의 책이 발간되었습니다. 저자가 되신 열다섯 팀의 선생님들께 진심으로 축하의 말씀을 드립니다. 바쁜 학교생활 속에서도 시간을 쪼개 좋은 책을 써 주신 선생님들과 책을 출간해 주신 출판사, 한국과학창의재단 관계자께도 심심한 감사의 말씀을 드립니다.

이번에 출간된 책들이 창의·인성교육을 실천하고자 하는 전국의 모든 선생님, 교과서를 벗어나 새로운 지식 탐구를 하고자 하는 학생, 그리고 자녀 교육에 관심이 많은 대한민국 학부모님에게 많은 도움이 되리라 믿습니다.

앞으로도 '**선생님 저자 되기 프로젝트**'를 계속적으로 진행하여 창의·인성교육을 활성화하고, 대한민국의 미래인 우리 아이들이 각자의 꿈을 키워 갈 수 있도록 지원하겠습니다. 감사합니다.

혼자 텅 빈 집에서 끓여 먹는 라면은 그냥 라면입니다. 그런데 "라면 끓일 건데, 언니도 라면 먹을래?" "아니, 안 먹어. 살 쪄." "진짜 안 먹을 거지? 좀 있다가 안 준다. 먹을 거면 지금 말해." "아, 진짜 안 먹는다고." "알았어. 그럼 한 개만 끓인다."

이렇게 해서 동생이 라면을 끓여 와 먹기 시작하면, 나도 모르게 그 옆에 앉아서 "야, 딱 한 젓가락만!"을 외치며 뺏어 먹게 됩니다. 세상에서 가장 맛있는 라면이지요. 왜 혼자 먹는 라면과 안 준다고 짜증내는 동생한테 얻어먹는 라면은 맛이 다를까요?

잠시 눈을 감고 지금까지 살아오면서 가장 기쁘고 행복했던 기억, 가장 슬프고 괴로웠던 기억을 떠올려 봅시다. 그 장면에 나오는 사람은 나 혼자뿐인가요? 아마 대부분은 가족이나 친구와 함께 있을 겁니다. 그리고 그들과 관련된 일이기 때문에 기쁨이나 슬픔을 강하게 느꼈을 겁니다. 물론 때로는 실제로 일어난 일도 아니고 나와 직접 관계가 있는 일도 아니지만 영화나 드라마를 보면서 눈물을 펑펑 흘리기도 합니다. 그런 상황에 처한 사람에게 동질감을 느끼기 때문에 슬픈 겁니다.

우리는 다른 사람의 표정이나 말투, 행동에서 감정을 읽을 수 있습니다. 그 감정에 공감할 수도 있고, 어떤 반응을 보여야 할지도 알고 있습니다. 본능적으로 아는 경우도 있고 자라면서 배우는 경우도 있습니다. 즉 우리는 함께 살아가는 방법을 가르치고 배우면서 진화하고 있는 것입니다.

때로는 혼자 있는 것 같고, 같이 있어도 외로움을 느끼기도 하지만 그럴 때 쓸쓸함을 느끼는 이유 역시 우리가 함께 살아가기를 더 좋아하는 존재라서 그런 것은 아닐까요? 인간이 사회를 이루고 살아가는 이유를 논리적으로 설명하는 이론들이 많겠지만 그 이론을 압도하는 것이 바로 이런 우리의 마음과 감정은 아닐까요?

우리의 세금 이야기는 바로 여기에서 출발합니다. 많은 철학자와 사상가들이 사회적 존재로서의 인간을 논리적으로 설명하지만, 그렇게 어렵게 말하지 않아도 우리는 다 알고 있습니다. 나 혼자 살아가는 세상이 아니라는 것을, 내 주위의 모든 사람들이 괴

저자의 말

로운 표정, 화난 표정일 때 나 혼자서 웃으며 살아가기는 어렵다는 것을 말입니다. 그리고 주위의 사람들과 함께 행복할 때 나도 훨씬 행복하다는 것을 알고 있습니다.

그렇다면 나와 내 주위 사람들이 어떻게 해야 행복해질까요? 우선 건강해야 합니다. 너무 배가 고파서 굶주려도 안 됩니다. 비바람을 피할 집도 있어야겠지요. 사회생활에 필요한 지식도 배울 수 있어야 합니다. 혼자 극복하기 힘든 어려움을 겪을 때는 다른 사람의 도움을 받을 수도 있어야 합니다. 그리고 이렇게 행복하게 살아가는 데 필요한 조건들을 마련하기 위해서 필요한 돈, 그게 바로 세금입니다.

그런데 안타까운 것은 많은 사람들이 "다 좋은데, 내가 낸 세금인데 도대체 어디에다 쓴 거야? 왜 나한테 돌아오는 건 하나도 없는 것 같지?"와 같은 생각을 하며 세금을 내고 싶어 하지 않는다는 겁니다. 당장 내 주머니에서 돈이 나가기만 하지 돌아오는 건 없어 보이기 때문입니다.

사회적 감수성을 키우는 시민 교과서

우리는 이 책을 통해서 왜 세금이 필요한지 그리고 어디에 쓰이는지를 이야기하고 싶었습니다. 그리고 세금으로 우리가 사는 세상을 좀 더 행복하게 바꿀 수 있고 그 과정에 참여할 수도 있다고 말하고 싶었습니다. 다른 이에게 빼앗기는 돈이 아니라 함께 사는 세상을 만들어나가는 데 투자하는 돈, 그것이 바로 세금입니다.

책을 발간하기까지 많은 분들의 도움이 있었습니다. 우리 모임의 대안사회분과에서 이 책의 초기 기획을 함께 해 준 박춘자, 한선아 선생님께 감사드립니다.

전국사회교사모임에 오셔서 이 책을 구성하는 데 도움이 되었던 게임이론 등 경제이론을 강의해 주신 '새로운사회를여는연구원'의 정태인 원장님께 감사드립니다.

'함께하는 시민행동'과 오관영 씨께 감사드립니다. 미래의 시민인 학생들에게 학교에서 세금교육을 하는 것이 얼마만큼 중요한 것인지 인식하는 데 도움을 주셨습니다.

이 책의 출판을 흔쾌히 결정해 주신 한국과학창의재단과 살림출판사 여러분께도 감사드립니다.

　마지막으로 함께 연구하고 집필한 모임의 선생님들과 그의 연구 시간을 배려해 준 그 가족들에게 고마움을 전합니다.

전국사회교사모임 저자들을 대신하여

정민정

사회적 감수성을 키우는 시민 교과서

'어떤 사람' 이야기

고층 빌딩이 빽빽이 들어서 있는 도시가 있었다. 사람들은 빌딩 숲 사이에서 갑갑해 죽을 지경이었다. 도로 위의 자동차들이 쏟아 내는 매연에 숨이 턱턱 막혔다.

그때 어떤 사람이 건물 하나를 없애고 그 자리에 공원을 만들 자고 제안했다. 사람들은 아름다운 공원이 생기면 나무 그늘 아래 벤치에서 꽃향기 가득한 봄바람을 맞으며 친구나 가족과 함께 한 가로운 오후를 보낼 수 있을 거라 상상하며 그 제안에 찬성했다. 곧이어 어떤 사람이 공원을 만들기 위해서 누군가는 자신의 땅을 내놓아야 하고 공원을 만드는 데 드는 돈도 모아야 한다며, 누구 의 땅에, 누가 돈을 내서 공원을 만들 것인지 결정하자고 말했다. 그러자 사람들은 슬금슬금 꼬리를 내렸다.

"아, 그게……. 생각해 보니 나는 뭐 그다지 공원이 필요한 것 같진 않아서 말이야."

상심한 어떤 사람은 혼자서라도 공원을 만들겠다고 다짐했다. 그래서 자신의 건물을 헐고 그 자리에 벚나무도 심고 사과나무도 심었다. 늘 푸르른 소나무와 그늘을 만들어 줄 느티나무도 심었다. 수선화, 코스모스, 데이지, 제비꽃 들도 심었다. 봄이 완연하자 벚꽃이 눈처럼 흩날렸다. 조금 더 시간이 흐르면 아마도 느티나무에는 햇빛을 받은 여린 잎들이 초록으로 빛날 것이다. 공원에서는 그렇게 생명의 기운과 신선한 공기와 아름다운 꽃향기가 샘솟아 도시 곳곳으로 퍼져 나갔다.

공원을 짓는 데 돈을 낼 수는 없다고 말했던 사람들도 공원을 지날 때마다 나무와 꽃이 만들어 낸 향기에 감동했다. 맑아진 공기와 상쾌한 향기는 사람들을 저절로 미소 짓게 했다. 그 모습을 본 어떤 사람은 살짝 기분이 묘해졌다. 그들은 공원이 필요 없다고 말하며 돈을 한 푼도 안 낸 사람들이지 않은가.

어떤 사람은 오직 혼자서만 공원을 즐기고 싶었다. 그래서 높은 담장을 만들었다. 하지만 담장 옆의 키 작은 데이지만 시들해질 뿐 꽃향기는 담장을 훌쩍 뛰어넘어 멀리 퍼져나갔다. 어떤 사람은 곧 깨달았다. 나무와 꽃이 뿜어내는 기운을 사람이 인위적으로 만든 장치 따위로는 막을 수 없다는 것을. 그리고 그 기운을 도시의 모든 사람들과 나눠 가진다고 해서 자신이 누릴 수 있는 기운이 줄어드는 것도 아니고 돈이 드는 것은 더욱 아니라는 사실을.

어떤 사람은 곧 담장을 허물었다. 담장을 세운다고 얻는 것은 아무것도 없었으니까. 그러나 여전히 마음 한구석의 오묘한 감정은 사라지지 않았다.

차례

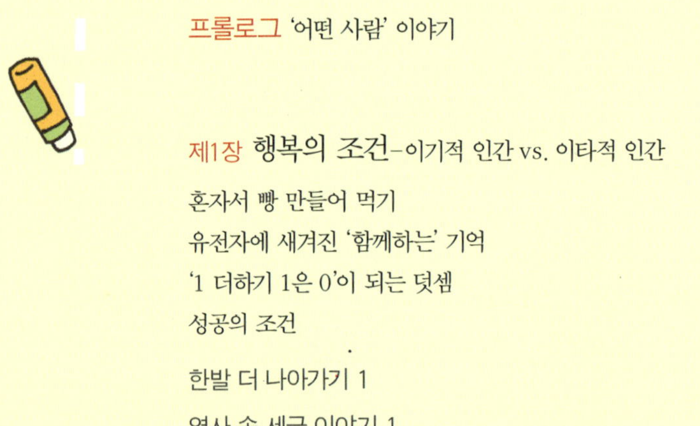

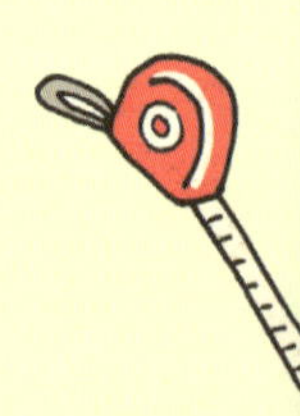

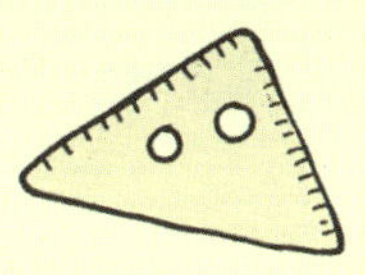

행복의 조건
이기적 인간 vs. 이타적 인간

우리는 다른 사람을 신경 쓸 여유가 없는 각박한 사회 속에서 살고 있다는 생각을 자주 한다. 그래서일까? 텔레비전 예능 프로그램에서 출연자들이 "나만 아니면 돼!"라고 외치는 것도 어색하지 않다.

사실 자본주의와 개인주의가 지배하는 현대사회를 살아가는 사람들은 점점 더 원자화될 수밖에 없다. 지금까지 가족이나 이웃들이 제공해 온 대부분의 것들을 시장에서 돈을 주고 구입하게 되면서, 이제 나에게 이웃보다는 돈이 더 필수적인 것처럼 느껴지기도 하기 때문이다. 그러나 모든 사람의 삶은 그가 속한 공동체 구

사회적 감수성을 키우는 시민 교과서

성원들과의 상호작용 속에서 만들어진다. 영국의 저명한 역사학자 토니 주트(Tony Judt)가 말했듯 '인간은 시장이 아니라 사회에서 살아가는 존재'이기 때문이다.

다음 그림을 한번 보자.

위 그림에서 가운데 서 있는 남자는 행복해 보이나요?

[그림1-1]

위 그림에서 가운데 서 있는 남자는 행복해 보이나요?

[그림1-2]

제1장 행복의 조건－이기적 인간 vs. 이타적 인간

여러분은 그림을 보고 질문에 어떻게 답했는가? 대부분의 사람들은 [그림1-1]의 가운데 남자는 행복해 보인다고 대답하고, [그림1-2]의 가운데 남자는 그렇지 않다고 대답했을 것이다. 실제로 두 그림의 남자는 완벽하게 똑같음에도 불구하고 왜 달라 보였을까?

그것은 [그림1-1]과 [그림1-2]의 주변 사람들의 표정이 다르기 때문이다. [그림1-2]의 가운데 남자는 분명 웃고 있지만 주변 사람들이 화가 난 표정을 짓고 있었기 때문에 행복해 보이지 않은 것이다.

우리는 무의식적으로 나를 둘러싼 주위에 관심을 기울이고 있다. 그렇지 않다면 왜 [그림1-2]의 주인공이 행복해 보이지 않는다고 대답했겠는가. 여전히 우리는 전체와의 조화 속에서 개인을 바라보고 있고, 주변 사람들이 불행한 사회에서 혼자만 행복할 수는 없다고 생각하고 있는지도 모른다. 우리의 유전자는 주인공과 주변인을 함께 관찰하도록 설계되어 있는 것이다.

혼자서 빵 만들어 먹기

여기 밥보다 빵을 좋아하는 사람이 있다. 갓 구운 빵에 버터와 잼을 살짝 바른 후 한입 가득 베어 문다. 그리고 시원한 우유를 한 모금 들이켠다. "와우~. 이게 천국의 맛이야."라고 감탄한다. 그런데 만약 혼자만의 힘으로 이 천국의 맛을 즐기려 한다면?

① 가을에 벼를 베어 내고 땅을 일궈 밀의 씨앗을 뿌린다. 겨울부터 봄이 될 때까지 내내 잡초도 뽑고 비료도 주면서 열심히 가꿔 6월이 되면 낫으로 베어 수확을 한다. 밀을 말린 후 껍질을 벗기고 곱게 빻아서 밀가루를 만든다.
② 풀과 사료를 먹여 젖소를 키우고 우유를 얻는다.
③ 닭을 키워서 달걀을 얻고 사탕수수를 키워서 설탕을 얻고(아니면 꿀벌을 키워서 꿀을 얻는다) 바닷물을 퍼다 말려서 소금도 만든다.
④ 비닐하우스가 없으니 봄에 딸기를 심어 초여름에 수확한다. 설탕과 딸기로 잼을 만든다.
⑤ 이 과정에 필요한 각종 농기구, 빵 만드는 데 필요한 체, 주걱, 그릇 등은 물론 오븐도 구해야 한다.

사실 이렇게 노력을 해서 모든 재료와 도구를 얻었다 해도 제과점의 빵처럼 맛있게 만드는 건 거의 불가능하다. 내가 만든 밀가루는 거칠고, 버터는 도저히 집에서 만들 수 없었다. 사탕수수를 키워서 설탕을 만드는 것은 힘든 일이다. 각종 도구를 만드는 것도 마찬가지다. 무엇보다 모든 역경을 딛고 만든 빵인데 맛이 없다. 이 경우 아마도 앞으로 빵 '따위'는 안 먹겠다고 할 것이다.

하지만 다행스럽게도 우리는 빵을 먹기 위해 그 많은 일을 할

제1장 행복의 조건–이기적 인간 vs. 이타적 인간

필요가 없다. 우리들 가운데 누군가는 빵 만들기를 좋아하고, 어떤 사람은 소를 키우고 싶어 하고, 또 다른 누군가는 닭을 키우고 싶어 하기 때문이다. 함께 힘을 모으면 훨씬 쉽게 우리가 원하는 것을 얻을 수 있다. 즉 인간은 '분업과 협동'이라는 매우 '효율'적인 방식으로 필요한 것을 충족시킬 수 있는 지혜가 있고 그렇게 함께 '잘' 살아간다.

유전자에 새겨진 '함께하는' 기억

인간이 다른 사람들과 어울려 함께 살아가는 이유가 분업과 협동의 효율성에만 있는 것은 아니다. 인류는 처음 지구에 존재하던 그때부터 함께 살았다. 인간이 외로움을 느끼고 다른 누군가를 찾는 것은 본능이다. 그래서 사랑을 갈구하고 친구를 만들고 애완동물에게 정을 주며 살아간다.

갑자기 거대한 운석이 떨어져서 지구의 모든 사람이 죽고 오직 나 혼자 살아남은 상황을 상상해 보자. 엄마, 아빠, 동생, 나의 단짝 친구, 내가 혼자 몰래 좋아하는 우리 반 친구, 열렬히 사랑하는 연예인, 나를 사랑하던 그리고 내가 사랑하던 모든 사람들이 흔적도 없이 사라져서 그들의 미소도 온기도 느낄 수 없다면 살아남은

사회적 감수성을 키우는 시민 교과서

것을 행운이라고 말할 수 있을까?

인간은 결코 홀로 살아갈 수 없다. 늑대소녀는 인간이라고 볼 수 있는가? 사회 안에서 자라지 못한 늑대소녀는 인간다움을 지니지 못했다. 영화 〈캐스트 어웨이〉에서는 주인공이 비행기 사고에서 홀로 살아남아 무인도에 살게 된다. 혼자된 그는 배구공에 '윌슨'이라는 이름까지 붙이며 사물을 의인화하고 대화까지 나눈다. 배구공 윌슨은 배구공이 아니라 유일한 친구이자 삶의 동반자다. 심지어 주인공이 외로움을 이기지 못해 자살을 시도하려 할 때에 힘이 되어 주기도 한다. 인간은 홀로 살아갈 수 없으며 사회를 이루어 함께 살아가고자 한다. 이것이 인간의 본성이다.

다른 예를 들어 보자. 지금 '나'는 10개의 초콜릿을 가졌는데 내 옆에는 초콜릿이 하나도 없는 친구가 있다. 나는 그 친구에게 초콜릿을 나눠 줄 수도 있고 나눠 주지 않을 수도 있다. 물론 나눠 주지 않는다고 해서 불이익을 당하는 것은 아니다. 이 상황에서 나는 어떻게 할 것인가? 다음 그림은 한 방송사에서 어린이들을 대상으로 했던 실험을 재구성한 것이다. 여기에서 우리는 '수많은 나'의 선택을 발견할 수 있다.

사실 이 실험에서 모든 아이들이 자신의 초콜릿을 나눠 준 것

제1장 행복의 조건–이기적 인간 vs. 이타적 인간

사회적 감수성을 키우는 시민 교과서

은 아니다. 그러나 대부분의 아이들은 나눠 주는 것에 망설임이 없었고, 그냥 주고 싶어서 주었다거나 공평하게 나눠 가지면 된다고 말했다. 심지어 나눠 주지 않겠다고 말한 아이도 불편한 기색을 감추지 못했다.

이 실험은 사람들이 다른 사람과 경쟁하여 이기겠다는 마음을 가진 것 못지않게 타인을 배려하고 함께 살아가려는 본성이 강하다는 것을 증명하고 있다. 인간은 더불어 살아가기 위해서 상대방을 위해 아무런 대가 없이 양보를 할 수 있는 존재인 것이다.

이와 유사한 또 다른 실험을 살펴보자. '최후통첩게임'이라 불리는 이 실험은 사람들이 상대방의 이기적인 행동을 처벌하여 공동체의 협력을 유지하도록 만들려 한다는 점을 보여 준다.

최후통첩게임

1. 우연히 길에서 만난 어떤 사람이 100만 원을 줄 테니 옆 사람에게 얼마를 나눠 줄 것인지 정하라고 한다.
2. 단, 옆 사람과 협상할 수 없고 한 번 제안한 금액을 바꿀 수도 없다.
3. 상대방이 당신이 제안한 몫을 받지 않겠다고 말하면 당신도 돈을 가질 수 없다.

이런 상황에 처한 사람들 대부분은 50만 원을 나눠 주겠다고 제안한다. 50만 원은 아니더라도 대부분 적어도 30만 원은 주겠다고 한다. 받는 입장에 있는 사람들의 경우에는 30만 원 이하를 제안하면 대부분 거절한다. 소수의 사람들만이 20만 원 이하를 받아들였다.

사실 받는 사람은 20만 원이라도 받는 것이 유리하다. 하지만 대부분은 받지 않겠다고 선언했다. 왜 그런 비합리적인 선택을 했을까? 20만 원을 나눠 주겠다는 제안을 거절하는 사람들은 뭐라고 말했을까?

"너는 80만 원을 가지는데 나는 20만 원만 받으라고? 내가 무슨 거지도 아니고. 기분 나빠. 안 해!"

혹은 이렇게 말했을지도 모르겠다.

"이런 이기적인 인간 같으니라고. 너 같은 인간은 손해를 좀 봐야 정신을 차리지!"

즉 대부분의 사람들은 부당한 제안을 거절함으로써 자신의 자존심을 지키고 상대방의 과도한 욕심을 처벌하려고 한다. 이러한 실험은 사람들이 어떤 행동을 선택할 때, 단순히 자신의 이익의 증가만을 생각하는 것이 아니라, 타인과의 관계 속에서 그 행위의

사회적 감수성을 키우는 시민 교과서

다양한 의미를 고려하는 사회적 존재임을 보여 준다. 또한 인간은 이기적 행위를 처벌하여 공동체를 유지하려는 성질이 있음을 알 수 있다. 이는 인류가 오랫동안 사회를 이루고 살아가는 과정에서 자연스럽게 공동체를 유지하는 쪽으로 진화해 왔기 때문이다.

'1 더하기 1은 0'이 되는 덧셈

[장면 1] 억울해요!

친구랑 같이 학교에 오려고 기다리다 보니 둘이 함께 지각을 했습니다. 나는 담임선생님에게 된통 야단을 맞고 방과 후에 남아서 청소까지 했는데, 친구네 담임선생님은 지각을 해도 크게 야단치지 않았습니다. 똑같이 지각했는데 나만 벌을 받다니……. 억울해서 미쳐 버릴 것 같습니다. 그리고 다음 날, 친구가 약속 시간에 또 늦네요. 이대로라면 지각을 하게 될 것입니다. 자기는 늦어도 안 혼난다며 꾸무럭거리는 것이 분명합니다. 어제 혼났던 것을 떠올려 보니 끔찍합니다. 친구를 버리고 뛰어서 간신히 지각을 면했습니다.

[장면 2] 진짜 말도 안 돼요!

나는 오늘 친구를 버리고 죽을 것처럼 뛰어 지각을 면했습니다. 심장이 목구멍으로 튀어나올 것 같았지만 지각을 면한 것에 안도의 한숨을 내쉬며 담임선생님을 기다렸습니다. 그런데, 이런 된장! 담임선생님이 회의 때문에 조회 시간에 들어오지 않으셨고, 오늘 지각한 아이들은 야단을 맞지도, 벌 청소를 하지도 않았습니다. 아, 정말 너무나 억울하고 또 억울합니다.

학생이라면 한 번쯤 경험했을 만한 일이다. 왜 이 학생은 억울해서 미쳐 버릴 것 같았을까? 그것은 무엇인가 잘못되었다고 생각했기 때문이다. [장면 1]에서 나와 친구는 똑같이 지각을 했지만 벌은 나만 받았다. 왜 똑같은 잘못을 하고서도 나만 벌을 받는가? [장면 2]에서 나는 지각을 안 했고 그러니 벌을 안 받는 게 당연하다. 그런데 지각을 한 아이들도 나처럼 벌을 안 받았다. 지각을 한 사람과 지각을 하지 않은 아이들이 왜 똑같이 취급을 받지? 바로 이런 불만이 억울한 감정으로 이어진 것이다.

사회적 감수성을 키우는 시민 교과서

사람들은 바른 행동에는 칭찬을, 잘못된 행동에는 벌을 받는 것이 옳다는 믿음을 갖고 있다. 그런데 현실이 그 믿음과 다르면 우리는 억울함을 느낀다. '억울함'은 감정의 영역에 속한다. 인간은 논리적인 생각과 이성적인 판단이 없어도 옳은 것과 잘못된 것을 본능적으로, 즉 감각적으로 안다. 잘한 것에는 보상을, 잘못한 것에는 처벌을 해야 한다고 생각한다. 그리고 우리는 이것을 정의라고 부르기도 한다.

사람들은 이와 유사한 논리를 적용해 더 많은 성과를 낸 사람이 많은 돈을 벌고 성공하는 것 역시 마땅하다고 생각한다. 그렇게 해야 사람들이 성과를 내기 위해 자신의 능력을 최대한 발휘하며 노력하게 되고, 이것이 곧 사회 발전으로 이어진다고 주장하기도 한다. 이 주장은 일면 타당하다. 그러나 다음 상황을 살펴보자.

미국 캘리포니아 주 오렌지 카운티에 있는 고등학교의 절반 정도는 미국 전체 고등학교의 학력 순위 10% 안에 들 정도로 우수하다. [장면 3]에 등장하는 두 고등학교 역시 상위 10%에 속한다. 우리나라로 따지자면 특목고 수준에 해당된다고 볼 수 있다. 이런 학교에 다니고 있는 학생들이 흰색 학생증을 받아 들었을 때 어떤 기분이 들었을까? 흰색 학생증을 받은 400명의 학생들은 시험기 미국 캘리포니아 주 오렌지 카운티 내 라팔마 시의 케네디고등학교와 사이프러스 시의 사이프러스고등학교에 다니는 학생들이 가지고 있는 학생증은 검은색, 금색, 흰색으로 구분된다.

케네디고등학교는 학생들을 성적에 따라 상·중·하로 나누고, 각각 검은색, 금색, 흰색 학생증을 나눠 주었다. 검은색 학생증을 가진 학생들은 학교 운동경기 무료입장, 학교 댄스파티 입장료 할인 등의 특전을 받고, 금색 학생증도 일부 특혜를 받는다. 흰색 학생증 학생들은 아무런 특혜도 못 받고 심지어는 학교 식당에서 검은색이나 금색 학생증을 지닌 학생들과 다른 줄에 서야 한다. 게다가 공책 표지 색깔마저 소지한 학생증에 맞추라고 지시해 누구나 학생들의 성적 수준을 금세 짐작할 수 있다.

학생 1,400명 가운데 흰색 학생증을 발급받은 학생은 약 400명이라고 지역 신문은 전했다. 학교 측은 학생들에게 학습에 대한 동기를 부여하기 위한 아이디어라고 설명했다.

[그림 1-3] 케네디고등학교의 학생증과 공책

간이 되면 더 바짝 긴장하게 된다. 그리고 흰색 학생증이라는 굴욕에서 벗어나기 위해 더 열심히 공부를 할 것이다.

사회적 감수성을 키우는 시민 교과서

그러나 학교의 계획이 학생들 전체의 학업 수준을 향상시키는 데 성공할지는 의문이다. 성적이 떨어지면 학교생활은 곧 지옥이 된다. 특히 스스로 공부만큼은 자신 있다고 하는 아이들이 모인 학교에서는 성적이 행복의 기준이 되어 버리기도 하기 때문이다. 점심시간 학생 식당에서 검은색 학생증과 금색 학생증의 학생들은 자부심 가득한 얼굴로 서 있을 것이다. 반대로 다른 줄에 서 있는 흰색 학생증의 학생들은 모멸감을 견뎌야 한다. 밥을 먹는 순간조차 차별을 당하고 자존심을 구겨야 하는 것이다.

이렇게 치열한 '경쟁'에서 '나'는 반드시 승리해야 한다. 경쟁이 과열되면, 친구의 부족한 점을 도와주고 끌어 주기보다는 친구 위에 올라서기 위해 공부를 한다. 물론 성적이 나아지기는 할 것이다. 바닥에 있는 친구는 누구의 도움도 받지 못한 채 그곳에 머무르게 될지도 모르지만 어쩔 수 없다. 모든 일에는 대가가 따르는 법이니까. 하지만 서로 모르는 것을 물어보고 가르쳐 주었다면, 성적이 우수한 친구들이 부족한 친구들을 끌어 주었다면 전교생의 평균점수(학업 성취도)가 더 많이 향상되지는 않았을까?

분명히 사람들은 '다른 결과를 다르게 대접할 때' 열심히 노력한다. 조금 어렵게 표현하면 '결과의 불평등이 효율성을 높인다'고 말할 수 있다. 그러나 결과의 불평등이 참을 수 있는 한계를 넘어서 지나친 차이를 유발하면 사람들은 극심한 경쟁으로 치닫게 되고, 이때 사회 전체의 효율성은 오히려 떨어진다. [장면 3]의 상황과 같이 학생들이 서로를 경쟁자로 여기고 아무런 도움도 주고받지 못하면, 결과적으로는 전교생 모두를 공부 잘하게 만드는 데 실패할 수밖에 없는 것처럼 말이다.

돈과 시간을 많이 투자하면 성적이 향상될 가능성이 높은 것은 사실이다. 그래서 학부모들은 자녀에게 더 많은 교육을 시키려고 애쓴다. 그러나 '네가 11시까지 하면 나는 12시까지, 네가 12시까지 하면 나는 새벽 1시까지 한다'는 식의 지나친 경쟁은 도움이 되지 않는다. 오히려 모두를 피곤하게 만들고, 공부 자체에 염증을 느끼게 하여 학업을 방해한다. 또 지나치게 늘어난 학원비로 인해 가계 상태를 나빠지게 할 수도 있다.

그 수많은 학원비를 다 모아서 학교 교육에 투자해 공교육의 수준을 높이고 더 좋은 교육 환경을 제공한다면 더 적은 비용으로 더 많은 아이들의 학업 성취 수준을 높일 수 있을지도 모른다. 어쩌면 경쟁이 효율성을 높여 준다는 믿음 때문에 때로는 경쟁하지 않는 것이 더 효율적일 수도 있다는 점을 잊은 것은 아닌지 다시

사회적 감수성을 키우는 시민 교과서

생각해 볼 일이다.

또한 경쟁을 통한 효율성에 집중하다 보면 경쟁에서 패배한 사회적 약자의 어려움을 당연한 것, 피할 수 없는 것으로 여기기 쉽다. 즉 승자에게 더 많은 혜택을 주어야 모든 사람들이 승자가 되기 위해 열심히 일할 것이기 때문에, 상대적으로 패자에게는 더 적은 몫이 돌아가는 것이 당연하다고 생각하게 된다.

다음 상황을 살펴보고 이야기를 이어 가 보자.

이상한 100미터 경주

동물 학교에서 운동회가 열렸다. 초원에서 천적을 만났을 때 가장 중요한 능력은 달리기. 따라서 운동회 종목은 100미터 달리기다. 선수들은 동일한 출발선에서 달리기를 한다. 매 경기에서 이긴 사람에게는 10만 원의 상금과 다음 번 경주에서 출발선보다 30미터 앞에서 달릴 수 있는 혜택이 주어진다. 반면에 진 사람에게는 벌금 10만 원이 부과된다.

같은 반 친구인 개코원숭이와 기린. 둘 다 이기기 위해 열심히 달린다. 같은 반 친구지만 이 경기에서는 이기고 싶다. 이제 친구인가 아닌가는 중요하지 않다. 경쟁자일 뿐이다. 이기는 것, 그것만이 중요하다.

첫 번째 경주에서 개코원숭이가 졌다. 10만 원의 벌금을 내고 두 번째 경주 출발선에 서 있다. 기린은 개코원숭이보다 30미터 앞에 서 있다.

두 번째 경주에서 개코원숭이가 또 졌다. 다시 벌금 10만 원을 내고 세 번째 경주 출발선에 섰다. 저 멀리 60미터 앞에 서 있는 기린을 쳐다본다.

세 번째 경주에서도 당연히 개코원숭이가 졌다.

'왜 기린만 계속 이기는 거지?'

세 번의 경주를 마치고 난 개코원숭이는 생각했다.

'이건 뭔가 기린의 계략이 숨어 있는 거야.'

이제 개코 원숭이는 선택의 기로에 놓인다.

① 열심히 뛴다.

② 이 따위 경주는 더 할 필요가 없다. 안 한다.

개코원숭이와 기린이 초원에서 살아남기 위한 달리기 훈련을 열심히 하도록 만들려면 어떻게 해야 할까?

이 이야기에서 달리기 경주의 주요 목적은 달리기 능력을 향상시켜 초원에서 살아남는 것이었다. 하지만 경주 과정에서 개코원숭이와 기린은 힘을 모아서 초원의 육식동물로부터 효과적으로

사회적 감수성을 키우는 시민 교과서

도망가는 방법—어쩌면 더 효율적일 수도 있는—을 배우지는 못했다. 게다가 개코원숭이가 기린을 믿지 않으면서 둘의 관계는 나빠져 이젠 힘을 합할 수도 없어졌다. 가장 큰 문제는 더 이상 개코원숭이가 달리려고 하지 않는다는 것이다.

승자와 패자에게 돌아가는 몫의 차이가 너무 커서 그 차이를 수용할 수 없는 정도가 되면, 달리기를 하도록 만들 동기가 사라지고 만다. 한 번의 패배에서 생긴 불평등이 다음 번 경쟁에서 결코 승리할 수 없는 불리한 조건으로 이어지면, 이 게임에 참여하는 것이 나에게 하나도 득이 될 게 없다고 판단하기 때문이다.

그렇게 되면 운동회는 열릴 수 없고, 동물들의 달리기 능력도 좋아지기 어렵다. 결국 초식동물들은 초원의 육식동물들에게 잡아먹히고 말 것이다. 경쟁을 통해 개인의 능력을 키우고 공동체도 발전할 수 있도록 만들겠다는 진짜 목표를 달성하는 데 실패한 것이다.

성공의 조건

[장면 4] 대학 동창인 두 친구의 근황 보고

부유하 군의 근황

2년간의 어학연수는 정말 쉽지 않았어. 하루 종일 들리는 말은 오직 영어뿐이고. 쏼라쏼라 속사포처럼 쏟아지는 영어만 계속 듣고 있을 때 그 토할 것 같은 느낌이란……. 게다가 하소연할 사람도 없고 아는 사람도 없으니 정말 외롭더라. 나중엔 적응해서 괜찮았지만 말이야. 한국으로 돌아온 후에는 하루에 8시간 이상 도서관에서 전공 공부와 어학 공부에 집중했어. 졸업 후에는 아버지 회사에 입사해 여러 부서를 돌면서 실무를 익혔어. 일이 익숙해질 때쯤 다른 부서로 옮겨서 새로운 일을 배워야 했지. 그때도 정말 힘들었잖아. 그리고 드디어 올해 기획실 실장이 되었어. 여기서 회사의 업무를 총괄하는 요령을 배우고 나중엔 아버지 사업을 물려받으려고 해.

가난하 군의 근황

그래도 나는 네가 좀 부럽다야. 어학연수가 그렇게 힘든 건지는 몰랐네. 나한테 어학연수는 그냥 꿈 같은 거였는데……. 낯선 타국에서 혼자 사는 건 어떤 느낌일까 상상이나 할 뿐이었지. 내 대학생활? 알바하고 집에 오면 피곤하고 지쳐서 공부할 힘도 없었지. 시험 기간에도 공부를 제대로 못 했더니 학점도 별로, 선배나 동기들이랑 별로 친해지지도 못했더니 인맥도 없고. 간신히 인턴사원으로 취업해서 하루에 12시간을 일하고 월급 150만 원을 받았는데 학자금 대출 이자 갚고 나니 남는 돈도 별로 없어. 그나마도 언제 잘릴지 몰라서 항상 불안해. 부모님도 걱정이 많으시고. 이래저래 내 인생은 왜 이렇게 먹구름 낀 하늘인지 모르겠다.

모임을 마치고 돌아오는 길에 두 사람은 어떤 생각을 했을까?

가난하 군은 부유하 군의 이야기를 듣고 부럽다는 생각과 함께 '왜 나는 이렇게 열심히 사는데도 힘들까? 내가 부잣집에서 태어났어도 이랬을까?'라는 생각을 했을 것이다. 뭔가 억울하다는 느낌도 지울 수가 없었을 것이다. 어쩌면 자신의 처지를 비관하거나 분노했을지도 모른다. 아마 두 사람의 자식, 또 그 자식의 자식에 이르면 그 차이는 더 크게 벌어질 것이다. 이런 상황은 사회 전체에 전혀 이롭지 않다. 이런 과정을 통해 형성된 사람들의 분노와 좌절은 우리가 함께 사는 사회를 매우 불안한 곳으로 만들 수 있기 때문이다.

한편 부유하 군은 열심히 노력했으므로 내가 이렇게 잘사는 것은 당연하다고 생각할 것이다. 그런데 부유하 군처럼 자신의 능력, 노력, 그로 인한 성공을 온전히 자기만의 것이라고 생각해도 좋을까?

물론 노력은 성공의 아주 중요한 요소다. 그러나 그 외에 부모의 사회 경제적 지위, 지능, 외모, 성실한 태도 등도 성공에 영향을 미친다. 지능이나 외모는 부모로부터 물려받게 된다. 후천적인 것으로 보이는 성실한 태도나 노력마저도 사실은 부모가 조성한 환경과 무관하지 않다. 즉 삼신할머니 덕분에 성공에 한 걸음 이상 더 가까워진 것이다.

물론 열심히 노력하는 것이 쉬운 일은 아니다. 그래서 우리는 노력한 사람, 성실한 사람이 성공의 열매를 가져야 한다고 믿는다. 다만 성공의 열매를 온전히 내가 다 가져야 한다는 생각은 적절하지 않다. 앞에서 말했듯 나의 성공은 나의 노력과 내가 타고난 환경의 상호작용으로 달성된 것이기 때문이다.

세계의 부호 중 한 명인 빌 게이츠. 그의 성공의 열쇠는 무엇일까? 빌 게이츠는 어떻게 마이크로소프트 사를 설립하여 세계 최대의 부자가 되었을까? 또 어떻게 전 재산의 절반을 기부하여 자선재단을 만들고 세계인으로부터 존경을 받게 되었을까?

빌 게이츠는 부모가 재벌이라 회사를 물려받은 것도 아니고 부모로부터 막대한 유산을 상속받아 회사를 세운 것도 아니다. 그렇다고 가난한 집안에서 태어나 자수성가한 사람도 아니다. 그의 아버지는 매우 저명한 변호사였고, 외할아버지는 미국 국립은행의 부은행장이었다. 한마디로 매우 부유하고 문화적으로 풍요로운 집안 출신이었다. 그런 만큼 집안에서는 예절과 규칙이 강조되었고, 자유분방한 빌 게이츠는 부모와 심각한 갈등을 빚었다.

그의 아버지는 집안의 막무가내 골칫덩어리였던 빌 게이츠를 데리고 상담치료를 받으러 다녔고 레이크사이드사립학교에 진학시

컸다. 이 학교는 1968년에 이미 프로그래밍을 할 수 있을 정도로 훌륭한 컴퓨터를 갖추고 있었는데, 그것은 레이크사이드사립학교의 학부모들이 부유했기 때문에 가능한 일이었다. 여기서 그는 컴퓨터를 처음 접했다. 그때 경험은 훗날 마이크로소프트 사 설립의 밑거름이 되었다. 회사가 성공가도를 달리면서 빌 게이츠는 엄청난 부와 명예를 얻게 되었고 이때 그의 아버지는 빌앤멜린다게이츠재단(Bill & Melinda Gates Foundation)이라는 자선재단을 설립하도록 조언했으며 현재 공동회장 역할을 맡고 있다.

어떤 사람이 부유한 가정환경이나 명석한 두뇌 등 타고난 조건이 좋다 하더라도, 그가 한 분야에서 성공하기 위해서는 그 분야에 최소한 5,000시간을 투여해야 한다는 말이 있다. 물론 빌 게이츠도 엄청난 노력과 연습을 통해 컴퓨터 프로그래밍을 할 수 있었을 것이다. 그러나 그가 부유한 집안에서 태어난 것, 아버지 덕분에 사립학교로 진학한 것, 성공한 이후에도 아버지로부터 훌륭한 조언을 구할 수 있었던 것, 이 모든 것이 그의 노력이었다고는 말할 수는 없다. 빌 게이츠가 남다른 노력으로 큰 성공을 거두었다고 하더라도 환경적 요인을 무시할 수는 없는 것이다.

그래서 우리는 우리의 성공에 대해서 보다 겸손한 태도를 가질

제1장 행복의 조건 - 이기적 인간 vs. 이타적 인간

필요가 있다. 내가 이룬 것들의 많은 부분은 사회적 조건과, 함께 사는 사람들에 힘입은 바 크다.

우연히 가진 것도 다 '내 것'이라고 할 수는 있다. 그러나 우리는 사회에 속해 있으며 그 사회로부터 영향을 받으며 성장한다. 사회 구성원들과의 상호작용을 통해 나의 생각과 행동양식을 형성해 간다.

우리가 성장하는 동안 사회에 빚진 부분은 아주 많다. 만약 학교에서 배우는 모든 내용을 학원에서 배워야 한다면 한 달에 학원비로 얼마를 지출해야 할까? 그것을 1년으로, 다시 의무교육 기간인 9년으로 확대해 본다면 그 비용은 어마어마해질 것이다. 그 엄청난 비용을 우리 사회가 함께 세금으로 부담하고 있고, 초등학생부터 중학생까지 의무교육을 받고 있으며 대상은 더 확대되고 있다.

예를 들어 친환경 기술을 적용한 자동차를 개발해서 성공한 회사의 사장을 생각해 보자. 회사에서 실제로 친환경 기술을 개발한 연구원은 우리나라의 공교육을 받고 성장한 사람이다. 그가 없었다면 신개발의 공적도 존재할 수도 없다. 또 자동차 생산 공장의 성실하고 꼼꼼한 생산노동자도 공교육이 길러낸 사람이다. 기업이 친환경 자동차를 시장에 내놓아도 우리나라에 제대로 된 도로가 없거나 국가의 환경 정책이 뒷받침되지 못하거나 환경에 대한 사회적 인식 수준이 낮아 사람들이 친환경 자동차를 구입하지 않으면 이 회사의 사업은 성공하기 어려웠을 것이다.

이렇듯 모든 개인과 기업가는 모두 우리가 속해 있는 사회에, 그리고 이 사회를 구성한 이웃에게 빚을 지고 살고 있는 것이다.

한편 어려운 상황에 놓인 사람을 그대로 방치하는 사회는 결코 건강한 사회가 아니다. 많은 사람들이 인간다운 삶을 보장받지 못하는 사회에서 과연 나 혼자만 잘사는 게 의미가 있을까? 대부분의 사람들이 더 나은 삶에 대한 희망을 버리고 하루하루를 버티고 있는 사회는 언제까지 유지될 수 있을까?

최근 미국의 오바마 대통령은 이런 말을 했다.

"미국의 성공은 누군가가 교육시스템에 투자하고 학교를 짓고 훌륭한 대학들을 만들어냈기 때문에 가능한 것이다. 성공한 사람들은 혼자 힘으로 성공한 것이 아니란 것을 기억해야 한다."

1. 이타적 인간의 출현

우리는 이기적인 행동을 하는 사람이 이익을 얻는 모습을 자주 본다. 물론 그런 이기적인 행동은 사회 전체적으로는 좋은 결과를 가져오지 않지만, 어쨌거나 당사자에게는 유리하다. 따라서 도덕심이나 배려가 없는 사회에서는 그러한 사람들이 점점 많아지고 곧 세상은 그러한 사람들로 가득 차게 될 것이다.

한번 현실적으로 생각해 보자. 사람들이 항상 이기적으로만 행동하는 것은 아니다. 세상에는 멀쩡한 정신으로 전 재산을 기부하거나 늘 봉사활동을 하는 사람들이 있고 손해를 감수하며 이타적으로 행동하는 사람들이 존재한다.

다음은 사람들이 남을 돕는 행동을 하는 이유를 설명하는 여러 가지 가설이다. 이 중 어떤 가설이 가장 타당하게 보이는가?

이기적인 유전자 가설

유전자는 살아남는다. 부모가 자식을 위해 희생할 수 있는 이유는 무엇인가? 자기 자신은 죽더라도 자신의 유전자를 가지고 있는 자식은 생존할 수 있기 때문이다. 즉 내 유전자가 살아남도록 하기 위해서 기꺼이 희생할 수 있다. 하지만 전혀 모르는 사람을 위해서 희생하는 사람들도 있다. 지하철에서 자신의 목숨을 바쳐 전혀 모르는 사람을 구하는 사람도 있지 않았는가?

반복·상호성 가설

상대가 나를 도우면 나도 돕는다. 즉 내가 풍족할 때 남을 도움으로써 나중에 도움받을 확률을 높이는 것이 현명하기 때문이다. 단 이 법칙이 성립하려면 두 사람의 거래가 오래 지속되어야 한다. 다음을 기약할 수 없는 관계라면 불가능하다. 어쨌거나 내가 돕는 이유는 내가 도움을 받는 것이 목적이기 때문이다. 하지만 언제나 모든 관계가 지속적인가? 그렇지 않은 관계도 많다. 그리고 지속적인 관계에 있지 않은 사람들도 협력한다. 왜 그럴까?

유유상종 가설

이타적인 사람들은 이타적인 사람들끼리 거래를 하고(관계를 맺고), 이기적인 사람들은 이기적인 사람들끼리 거래를 한다. 이타적인 사람들이 모인 사회가 훨씬 생존에 유리하기 때문에 이기적인 사람들끼리 모인 사회는 번영하기 어렵다. 따라서 세상에는 이타적인 사람들이 남아 있다.

값비싼 신호 보내기 가설

어려운 상황에서 남을 배려하고 타인을 위해 희생하는 등의 행동을 하는 것을 통해서 자기 자신이 얼마나 멋진 사람인지를 보여 줄 수 있기 때문에 사람들은 비용과 희생이 뒤따르더라도 이타적 행동을 한다.

2. 성공의 조건과 정의의 원칙

1) 다음은 우리가 흔히 '성공'을 떠올릴 때 연상되는 이미지들이다.

　　좋은 대학에 입학하고, 사람들이 선망하는 직업을 갖고, 어려운 시험
을 통과하고, 높은 연봉을 받으며, 사람들로부터 존경을 받는 명예를 가
지는 것은 모두가 누릴 수 있는 것이 아니다. 각 개인에게 돌아가는 몫
은 자신이 속한 공동체의 어떤 절차와 제도에 따라 분배된다. 그렇다면
이렇게 성공하는 사람들의 비결은 무엇일까? 좋은 대학에 입학해서 졸

업하려면? 어려운 고시에 통과하려면? 고소득을 올리는 직업을 가지려면? 사람들의 존경을 받으려면? 어떤 요소와 조건이 개인의 성공에 영향을 줄까? 아래의 빈칸을 완성해 보자.

답 : 인종, 신체조건, 외모, 인맥, 성격, 살고 있는 지역 등

2) 성공에 영향을 주는 다양한 요인들이 개인의 책임인지 아닌지를 따져 보자.
자신이 생각하는 바에 따라 O, X로 표기하여 아래의 표를 완성해 보자.

	성공에 영향을 주는 요인	개인의 책임이다	개인의 책임이 아니다	비고
1	부모의 경제력과 사회적 지위			
2	개인의 능력			
3	노력하는 자세와 인내심			
4	좋은 성격			
5	외모와 신체조건			
6	인맥			
7	거주 지역			

3) 다음은 롤스의 견해다. 밑줄 친 ①, ②의 사례를 제시해 보자.

우리는 사회에서 맨 처음 주어진 출발선이 당연히 내 몫이라고 말할 자격이 없듯이, 내게 분배된 타고난 재능도 당연히 내 몫이라고 말할 자격이 없다. 열심히 능력을 갈고닦게 만드는 내 우월한 성격은 당연히 내 몫이라는 생각 역시 문제가 있다. 그러한 성격 형성에는 어렸을 때 좋은 가정과 사회 환경이 크게 영향을 미치고, 그러한 영향은 우리 노력의 결과가 아니기 때문이다. 자격이라는 개념은 여기에 해당하지 않는다. 인간이 가지게 된 출발선이나 사회적 재능에는 두 가지 우연의 요소가 있다. ①자연적 우연과 ②사회적 우연이 바로 그것이다. 이러한 우연은 단지 운이며, 공정한 절차에 의해서 얻어진 것이 아니라면 정당하다고 말할 수 없다.

① 자연적으로 타고난 우연에는 어떤 것이 있을까?

(신체조건) (　　　　) (　　　　) (　　　　) (　　　　)

② 사회적으로 형성된 우연에는 어떤 것이 있을까?

(가정의 경제력) (   ) (   ) (   ) (   )

① 답 : 신체조건, 인종, 장애와 비장애, 성별 등
② 답 : 가정의 경제력, 부모의 사회적 지위와 계층, 지역 격차, 조국의 사회경제수준과 정치적 상황 등

4) 2번 문제에서 여러분이 개인의 책임이라고 표기했던 항목을 다시 보자. 그것은 정말 개인의 책임일까? 혹시 그것 역시 좋은 환경에서 비롯되는 것은 아닌지 생각해 보자.

존 롤스의 정의 원칙

존 롤스는 『정의론』에서 모든 사람에게 소득과 부를 똑같이 분배해야 한다고 주장하지는 않지만, 사회적·경제적 불평등을 인정한다면, 그 이익이 사회 구성원 가운데 가장 어려운 사람들에게 돌아가야 한다고 주장했다. 특히 천부적으로나 사회적으로 가장 혜택 받지 못한 계층(최소 수혜자)을 비롯한 모든 사람들에게 인간다운 생활을 위한 최소한의 조건이 최대한 보장되어야 하며 최소 수혜자를 우선적으로 배려하는 원칙을 중요하게 여겼다. 뿐만 아니라 롤스는 우리가 가진 능력은 한 개인의 것이 아니라 공적자산으로 여겨야 한다고 했다. 즉 우리 자신의 능력과 자신이 가진 지위를 자기 자신을 위해서가 아니라 사회를 위해서 사용해야 한다는 뜻이다.

우리는 누구나 세금을 낸다. 돈이 많은 사람이든 돈이 없는 사람이든, 정치인이든 시민이든, 여자든 남자든, 누구나 다양한 방식으로 세금을 내며 살아가고 있다. 한 번쯤은 '왜 이렇게 세금을 많이 내는 거야? 어디 세금 없는 세상은 없을까?' 하는 생각도 해 보았을 것이다.

정말 세금이 없는 세상은 없을까? 그런 세상이 있다면 정말 좋을 텐데.

원시시대에도 세금을 냈을까?

아마존에는 아직도 문명과 동떨어져 자신들의 전통을 지키며 살아가는 원시부족이 있다. TV 다큐멘터리로 공개된 적이 있는 아마존 최후의 원시부족 조에 족. 그리고 브라질과 베네수엘라 접경 지역의 아마존 밀림에서 원시인류의 모습으로 살아가는, '인류의 원형'이라고 불려서 이름도 '인류(human being)'를 뜻하는 야노마미(Yanomami) 족이다.

이들은 아마존 원시림에서 사냥을 하며 생활한다. 더 많은 양의 사냥을 할 수 있지만, 그날 하루 먹을 양 외에는 사냥하지 않는다. 또한 사냥해 온 식량도 그 자리에 없는 사람들 몫은 물론, 부모가 없는 고아들 것까지 챙겨 주며 서로 나누어 먹는다. 그래서 한 번 식사를 할 때마다 2시간이 넘게 걸린다고 한다. 함께 사냥하고 물고기를 잡고 과일을 채집하여 함께 나누어 먹는 것이다. 또 부족에서 발생한 문제는 언제나 함께 해결한다.

우리는 조에 족과 야노마미 족에서 원시시대의 모습을 엿볼 수 있다. 당시 인간은 공동생활을 했으므로 남의 물건을 훔치는 사람도 없었고 사람이 사람을 지배하지도 않아 평온하고 성실한 사회였다. 이렇게 소규모로 완벽한 공동생활을 하던 원시시대에는 애초에 세금이라는 것이 필요하지 않았다. 세금이 없어도 공동의 문제를 함께 해결했기 때문이다.

▲ 야노마미 족

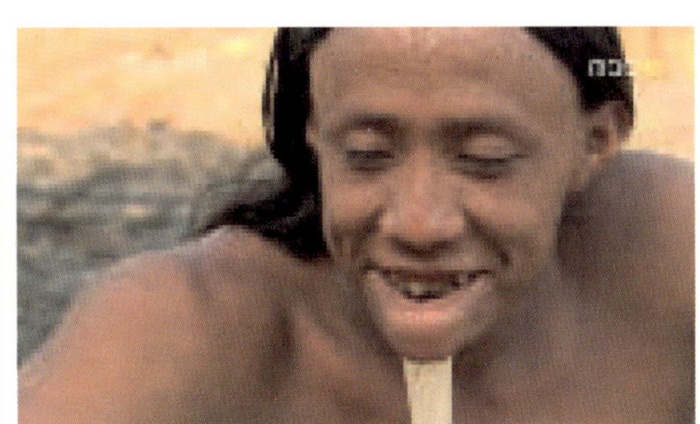

▲조에 족

로빈슨 크루소처럼 무인도에서 혼자 산다면?

영국의 작가 대니얼 디포의 장편소설 『로빈슨 크루소』. 평범한 뱃사람인 로빈슨 크루소는 무역선을 타고 기니(Guinea)로 향하던 도중 좌초되어 홀로 무인도에 표류한다. 그는 살기 위해 동굴을 집으로 이용하면서 배에 있던 간단한 도구로 사냥을 하고 산 채로 잡아온 짐승을 기르기도 하면서 열매의 씨를 뿌리고 가꾸며 살았다.

여러분이 로빈슨 크루소의 경우처럼 바다를 항해하다 무서운 폭풍을 만나 무인도에 표류하여 혼자 살게 되었다면 어땠을까?

무인도에는 세금도 없다. 혼자 생활하기 때문에 자신이 먹을 것만 구해서 먹고 살면 그만이기 때문에 세금을 낼 필요도 걷을 필요도 없다. 세금을 걷을 사람과 낼 사람이 따로 존재하지도 않는다. 납세의무가 없으니 행복할까? 세금이 없는 세상이 그다지 좋기만 하진 않을 것 같다.

사회적 감수성을 키우는 시민 교과서

세금,
누구에게 얼마나 걷을까

미국 건국의 주역이자 정치인인 벤저민 프랭클린은 다음과 같은 말을 남겼다.

"인간에게는 피할 수 없는 두 가지가 있다. 하나는 죽음이고, 다른 하나는 세금이다."

그의 말을 인용하여 "것 봐! 벤저민 프랭클린조차 세금을 피하고 싶어 했다니까. 그러니까 나도 가능하면 세금을 내지 않겠어!"라고 주장할 수 있을까?

벤저민 프랭클린은 분명히 세금을 '내고 싶은 것'이 아니라 '피할 수 없는 것'으로 이해했고, 그러니 세금을 내기는 해야 한다고 생각했다. 그런데 왜 그는 세금을 내고 싶지 않지만 내야 하는 것

사회적 감수성을 키우는 시민 교과서

이라고 생각했을까? 그 이유는 시대 상황에 있다. 당시 미국에 부과되는 세금은 식민지 시민의 동의 없이 영국인들에게 일방적으로 빼앗기는 형식이었다. 그의 또 다른 이야기를 들어 보자.

"식민지는 자신의 입법부를 통해서만 세금을 부과받을 권리가 있다."

앞의 두 이야기를 종합해 보면 벤저민 프랭클린은 시민의 동의를 구한 뒤에 세금을 거둬야 한다고 주장했다. 세금을 피하려 한 것은 아님을 알 수 있다.

이제 미국의 케네디 대통령이 남긴 말을 들어 보자.

"세금이란 시민권의 연회비다."

케네디는 세금을 시민이라면 누구나 당연히 내야 하는 것으로 생각하고 있다. 케네디 대통령이 미국을 이끌었던 시대는 미국이 영국의 식민지 지배를 받던 시기가 아니었고, 당연히 모든 세금은 국민의 대표기관인 의회를 통해 부과되었다. 그렇다면 왜 케네디는 '연회비'라는 표현을 사용했을까? 세금이 살아가는 동안 공동체 구성원으로 주인된 권리를 행사하는 데 필요한 회비와 같다는 뜻은 아니었을까?

현재 우리나라는 프랭클린의 미국에 가까운가, 케네디의 미국에 가까운가? 우리는 세금을 어떻게 받아들이고 있는가? 미성년자는 직접 세금을 낼 일이 거의 없지만 세금을 내야 하는 상황에 처한다면 어떤 기분이 들까?

도적떼가 나타났다

50여 명이 오랫동안 함께 살아온 작은 마을이 있었다. 마을 사람들은 성실하고 착했다. 모두들 자기가 가진 땅에서 열심히 땀을 흘리며 땅을 가꾸었고 해마다 가을이 되면 1년 동안 먹을 곡식을 추수했으며 봄이나 여름에는 과일과 채소를 재배해서 먹고사는 걱정 없이 풍족하게 살았다.

그런데 어느 날 어디서 나타났는지도 알 수 없는 무시무시한 도적떼가 출몰하기 시작했다. 도적들은 무리를 지어 말을 타고 다녔고 무기로 사람들을 위협했다. 그것도 늘 수확이 끝난 직후에 나타났고 속수무책으로 당한 지 올해로 벌써 10년이나 되었다. 마을 사람들은 더 이상 이대로 당하고만 있을 수는 없다며 일어서기 시작했고 급기야 대책회의가 열렸다.

우리 마을의 재산과 안전을 지키기 위해서는 군대가 필요하고 군대를 만들기 위해서는 돈이 필요하다는 얘기를 여기저기서 하기 시작했다. 마을의 촌장은 결단을 내리고 사람들에게 말했다.

"군사 훈련을 받아야 하는 군인들은 농사를 지을 수도 없고 목숨이 위태로운 일을 해야 하니, 마을 사람들은 매년 쌀 한 가마니를 기금으로 모아서 군인들에게 줍시다."

대다수 사람들은 의견에 찬성했고 매년 도적떼에게 곡식을 빼앗기느니 기금을 내는 편이 훨씬 낫다고 생각했다. 하지만 모든 사람이 촌장의 결단에 동의한 것은 아니었다. 한쪽 구석에 앉아 있던 김 씨는 혼자 조용히 생각

사회적 감수성을 키우는 시민 교과서

앞으로 이 마을의 미래는 어떻게 전개될까?

김 씨가 자신의 생각을 실천에 옮기겠다고 결정하고 자신은 기금을 내지 않겠다고 선언했을 때 사람들은 어떻게 반응했을까? 처음에는 김 씨 한 사람이 빠지는 것 정도는 큰 문제가 되지 않는다고 판단해서 예외로 두자고 했을 수도 있다. 하지만 자신들의 곳간과는 달리 김 씨네 곳간에 쌓여 가는 곡식을 보면서 생각이 달라졌을 것이다. 나만 손해 보는 것처럼 느껴지면 김 씨처럼 이기적으로 행동하고 싶은 욕심이 생기게 마련이다. 특히 흉년이 들어 어려운 시기가 닥칠 때는 너도나도 김 씨처럼 행동하고 싶은 마음이 들 것이다.

그렇게 시간이 지나면서 이기적인 행동을 하는 사람들이 늘어나면, 지금까지 돈을 내던 사람들도 부당함을 느끼게 되고, 급기야 군대를 유지할 만큼의 기금을 마련할 수 없게 될 것이다. 결국 모든 개인이 스스로 알아서 해결하는 예전 방식으로 돌아갈 수밖에 없다. 이는 사회 전체로 볼 때 낭비와 비효율이며, 평범한 대다수의 사람들은 위험에 대비하기도 어려워진다. 결국 도적떼의 잦은 습격으로 인해 사람들이 떠나고 마을은 폐허가 될 수도 있다.

이러한 이기적인 행동으로 인한 폐해를 막고, 서로 다른 생각을 가진 사람들이 조화롭게 잘 살아가기 위해서 필요한 기반을 마련하고 유지할 누군가가 필요하다. 현대사회에서는 이 역할을 국가나 자치단체가 맡아서 하고 있다. 즉 국가나 자치단체는 우리가 살아가는 데 있어서 공통적으로 필요로 하는 것을 마련하기 위해서 사람들로부터 조금씩 돈을 모아 경비를 마련한다. 우리는 이것을 세금이라고 부른다.

현대사회의 세금은 과거 왕조시대나 식민지시대처럼 '부당하게 빼앗기는 것'이 아니라 국민이 공통으로 겪는 문제를 해결하기 위해서 필요한 것을 만들기 위한 자금이 된다. 세금은 또한 우리가 국방·교육·복지·환경 등의 공공서비스를 누리는 대가이기도 하다.

사회적 감수성을 키우는 시민 교과서

도적떼를 막을 기금은 누가 내나?

누가 얼마나 내야 할까?

이 씨: 지금까지 마을로부터 가장 많은 혜택을 받은 박 씨가 기금을 많이 내야 하지 않나요?

박 씨: 왜 나한테 가장 많은 혜택을 줬겠어요? 나는 돈이 없어요. 기금을 낼 능력도 당연히 없고요. 정 씨가 큰 집에 살고 형편도 좋아 보이니 당신이 좀 더 많이 내야 하지 않아요?

정 씨: 내 집이 크고 비싸긴 하지만, 지금은 나이가 들어 일도 할 수 없어서 근근이 먹고 살고 있어요. 그러니 기금을 내기가 여간 어려운 것이 아닙니다. 오히려 매월 많은 월급을 받는 사람이 많이 내야지요.

조 씨: 내가 월급을 많이 받는 것은 일주일에 하루도 안 쉬고 매일 12시간씩 일하니까 그렇지요. 당신들보다 훨씬 더 많이, 더 열심히 일해서 많이 번 것이라고요. 여러분들이 편히 쉬는 동안 일하고 번 돈입니다. 왜 내가 기금을 많이 내야 합니까? 오히려 항상 많은 물건을 사들이는 임 씨, 당신이 기금을 낼 여유가 더 많은 것 아닙니까?

임 씨: 아, 그렇게 보일 수도 있겠네요. 하지만 돈이 많아서 많이 쓰는 것은 아니에요. 우리는 가족이 많아서 그만큼 많은 물건을 살 수밖에 없다고요. 그리고 많이 소비하는 사람에게 더 많은 기금을 내도록 한다면, 우리는 앞으로 자기가 어떤 물건을 얼마나 많이 사는지 모든 사람에게 공개해야 하겠죠? 그러면 우리의 사생활이 그대로 드러나게 됩니다. 별로 좋은 방법 같지는 않은데요.

우리는 앞에서 세금이란 우리 사회 공통의 문제에 대응하기 위해서 마련한 재원이라고 정의했다. 그렇다면 어떻게 재원을 마련해야 할까? 인간은 선한 마음을 갖고 있는 존재이기도 하지만 자신의 생존이나 더 나은 생활을 위해서 욕심을 부리기도 한다. 물론 어려운 사람을 위해서 기부를 하기도 하지만 부당하게 빼앗기는 것 같은 세금은 가능한 한 적게 내고 싶어 한다.

그렇다면 어떻게 세금을 거두어야 할까? 기준을 어떻게 정해야 옳을까?

우선 세금을 사회 구성원들이 공평하게 부담하도록 해야 한다. 모두가 함께 사용할 것들을 정부가 생산하는 것이므로 당연히 이

사회적 감수성을 키우는 시민 교과서

에 대한 부담은 모든 사람들이 공평하게 나누어 져야 한다. 또한 너무 복잡한 것도 좋지 않다. 공평한 조세제도이긴 하지만 너무 복잡해서 사람들이 이해하기 어렵고 운영하는 데 너무 큰 비용이 들어간다면 곤란하다. 뿐만 아니라 세금을 거둬들이는 모든 과정은 법률에 따라 공정하게 집행되어야 한다. 말은 쉽지만 이게 결코 간단한 문제가 아니다.

'공평한 조세부담'이라는 조건에 대해 좀 더 생각해 보자. 과연 공평하다는 것은 무엇인가? 사람들은 이를 두고 논쟁을 할 수밖에 없고 사실 정답도 없다. 다만 보다 공평하고 정의로운 것이라고 다수의 사회 구성원들이 합의하는 방식이 있을 뿐이다.

'세금을 걷는 공평한 방식'에 대해 간단히 논해 보자. 우선 우리는 세금의 혜택을 많이 누리는 사람이 많은 세금을 내는 것이 공평하다고 생각한다(편익원칙). 즉 국가나 자치단체가 제공하는 재화나 서비스를 많이 이용하는 사람이 그만큼 많은 세금을 내는 제도가 옳다는 것이다. 어떤 공공재를 이용하며 큰 편익을 얻는 사람이 그렇지 않은 사람보다 더 많은 세금을 내는 것이 마땅하다.

편익원칙을 토대로 하면 가난한 사람들보다 부유한 사람들이 세금을 더 내야 한다. 부유하고 생활에 여유가 있는 사람들이 한강 시민공원도 많이 갈 것이고 자동차를 많이 타다 보니 도로를 더 많이 이용한다. 또한 방범 서비스나 소방 서비스를 받는 경우에도 부유한 사람들이 세금을 더 내야 한다. 보호받을 재산이 상대적으로 적은 서민들에 비해 부유한 사람들이 더 많은 편익을 누리기 때문이다. 따라서 부유층이 경찰서와 소방서 유지비용을 더 부담해야 한다.

조세제도의 공평성을 평가하는 또 다른 방법은 세금 부담 능력에 따라 세금 규모를 결정하는 것이다(능력원칙). 물론 이 능력을 어떻게 측정할 것인지를 두고 다양한 주장을 펼칠 수도 있다. 어떤 사람들은 재산이 많은 사람이 많은 세금을 내야 한다고 주장할 수 있다. 재산을 많이 쌓아 두었다는 것은 곧 세금을 낼 수 있는 여력이 있다고 판단하는 근거가 될 수 있기 때문이다. 또 어떤 사람이 돈을 벌었을 때 벌어들인 돈 가운데 일부를 세금으로 걷을 수도 있다. 돈을 벌었다는 것 역시 돈을 낼 수 있는 여력이 있다고 생각하는 근거가 될 수 있기 때문이다. 혹은 지출 규모를 근거로 세금을 걷을 수도 있다. 돈을 쓸 수 있다는 것 역시 돈을 낼 수 있는 여력이 있다고 판단하는 근거가 된다.

능력원칙은 '동일한 희생'을 한다는 원칙이기도 하다. 즉 능력이

사회적 감수성을 키우는 시민 교과서

같으면 조세부담을 같게, 능력이 다르면 조세부담도 달라야 한다는 것이다. 그렇다면 능력은 무엇을 통해 측정하며, 조세부담이 다르다면 얼마나 어떻게 달라야 할까?

여러분은 어떤 기준으로 누가 얼마만큼의 세금을 내도록 해야 한다고 생각하는가?

다음 상황을 보며 좀 더 생각해 보자.

아빠: 집에 TV를 새로 사야겠어. TV가 고장이 나서 말이야. 48인치짜리 TV로 바꾸는 게 어때?

가족들: 우와. 찬성이요. 정말 좋아요.

아빠: 그럼. TV가 80만 원이니까. 한 사람이 20만 원씩 내자!

재형: 헉. 아빠! 저는 한 달 용돈이 3만 원밖에 안 되는 중3이라고요. 저는 안 내게 해 주세요.

아빠: 너 설날 때 받은 세뱃돈 모아 놓은 것 있잖아. 탈탈 털어서 내면 되겠구나.

윤아: 아빠! 너무해요. 제가 곧 대학을 졸업해서 직장생활을 하면 돈을 많이 벌게 되는 때가 오겠죠? 재형이도 마찬가지고요. 그리고 엄마랑 아빠가 퇴직해서 수입이 없어질 날도 올 거예요, 그때 우리가 지금 아빠처럼 얘기하면 좋겠어요? 아마 그때는 아빠가 재형이처럼 말할걸요?

엄마: 아니, 여보. 당신이랑 나는 20만 원 쓴다고 해도 한 달 동안 생활하는 데 큰 문제가 없어요. 그렇지만 애들은 친구들이랑 학교 끝나고

윤아는 왜 아빠의 의견에 반대했을까? 사람들은 대개 윤아와 같은 능력원칙을 토대로 능력에 따라 세금을 내야 한다고 주장한다. 지금은 내가 능력이 있어서 세금을 낼 여력이 있지만 갑자기 빈곤층이 되었을 때를 생각해 보자. 우리 사회가 능력 없는 사람에게도 똑같은 세금 부담을 주는 사회라면 나는 매우 힘들어질 수 있다. 즉 많은 사람들은 내가 세금조차 낼 수 없을 만큼 가난해지는 처지에 놓였을 때를 염려하여 지금 능력이 없는 그들을 배려하는 사회를 만드는 것이 더 낫다고 판단하는 것이다.

그렇다면 엄마가 아이들에게는 부담을 적게 줘야 한다고 주장한 근거는 무엇일까? 부모님에게 20만 원은 그리 큰 희생이 아니지만, 아이들에게 20만 원은 엄청난 부담이기 때문이다. 즉 엄마와 같은 생각을 하는 사람들은 '모든 사람이 세금 내는 부담을 동등하게 느끼도록 하려면 세금을 낼 능력을 더 많이 가진 사람이 더 많은 세금을 내야 한다.'고 주장한다. 그리고 이런 세금을 우리는 누진세라고 부른다. 누진세는 소득이 높은 자에게는 높은 세율

사회적 감수성을 키우는 시민 교과서

을, 소득이 낮은 자에게는 낮은 세율을 부과하는 것인데 이를 통해 공정한 소득재분배를 달성하려고 한다.

[표2-1]은 실제 우리나라에서 누진세가 적용되고 있는 모습을 잘 보여 준다. 과세표준이 1,200만 원인 근로자는 2012년 소득의 6%인 72만 원을 세금으로 낸다. 그렇다면 과세표준이 9,000만 원인 사람은 얼마를 세금으로 낼까? 그에게도 소득의 6%를 세금으로 적용할 경우 540만 원만 세금으로 내면 된다. 하지만 과세표준이 9,000만 원인 사람은 능력이 더 큰 만큼 많은 세금을 내도록 하고 있어 소득의 35%인

> *소득세의 과세표준
> 1년간 벌어들인 소득에 가족들이 먹고 살아가기 위해 필요한 최소 금액(가족의 수가 많으면 이 금액이 커진다), 자녀의 학비나 병원비(단, 큰 금액의 병원비), 연금저축, 실업보험, 의료보험 등의 지출을 뺀 금액.

3,150만 원을 세금으로 내게 된다. 9,000만 원을 버는 사람은 세금을 많이 내야 하니 억울하다고 생각할 수도 있다. 또한 자신의 소득의 3배에 달하는 3억 원을 벌어들이는 사람과 같은 세율로 세금을 내야 한다는 것도 억울함을 더하는 요소가 된다.

지나치게 누진의 강도가 심할 경우 탈세가 많아지고 노동의욕을 저하시키거나 자본축적에 방해가 될 가능성이 있다. 하지만 누진세 적용은 대부분의 국가에서 경제적 불평등을 줄이기 위한 목

[표2-1] 우리나라의 종합소득세 세율

과세표준	2009년	2010, 2011년	2012년	2009~2012년 변화
1,200만 원 이하	6%	6%	6%	변동 없음
4,600만 원 이하	16%	15%	15%	1% 감소
8,800만 원 이하	25%	24%	24%	1% 감소
8,800만 원 초과	35%	35%	35%	변동 없음
3억 원 초과	.	.	38%	신설

〈출처: 국세청〉

적으로 시행되고 있다. 즉 [표2-1]과 같이 소득이 낮은 경우에는 낮은 세율을, 소득이 높은 경우에는 높은 세율을 부과하여 세금을 내고 난 후 사용할 수 있는 소득의 차이가 줄어들도록 하고 있는 것이다. 다만 어느 것이 적정 수준의 과세표준인가, 그리고 어느 것이 적정한 세율인가는 더 논의될 필요가 있다. 1억 원을 버는 사람이 3억 원을 버는 사람과 같은 세율의 세금을 내는 것에 대해 억울해할 수 있지는 않은지 더 논의해야 하고, 그러한 논의를 통해 과세표준과 세율이 보다 공정하게 수정될 필요가 있다는 것이다.

그런데 왜 소득의 차이를 조정해야 할까? 앞에서 소개했던 부유하 군과 가난하 군의 일화를 다시 떠올려 보자. 부유하 군은 가난하 군보다 소득이 높았다. 그런데 그게 가능했던 이유가 무엇인

사회적 감수성을 키우는 시민 교과서

가? 부유하 군은 분명 능력이 더 탁월했다. 그러나 그가 가진 능력은 모두 온전히 그가 스스로 만들었다고 할 수 없다.

부유하 군의 부모가 부자가 아니었다면, 우리 사회가 성실하고 노력하는 사람이 성공한다는 신념을 가지지 않았다면, 부유하 군은 결코 성실한 태도로 열심히 노력할 수 없었을 것이다. 따라서 사회적 성공을 거둔 사람은 그 성공이 오로지 자신의 능력만으로 이룬 개인적인 성과가 아니라, 사회적 혜택의 결과이기도 하다는 것을 생각해야 한다. 그렇다면, 성공한 사람이 세금을 좀 더 많이 부담하는 것은 어쩌면 당연하고 자연스러운 일이 아닐까?

편익원칙에 입각해서 볼 때도 마찬가지다. 부유한 사람일수록 정부가 제공하는 서비스에서 더욱 많은 혜택을 받기 때문에 그만큼 세금을 더 내도록 해야 한다. 정부에서 만든 공원은 공원에서 삶을 즐길 수 있을 만한 여유가 있는 사람들에게, 잘 만들어진 도로는 자동차를 살 수 있을 만큼 경제적 능력이 있는 사람들에게, 공항은 비행기를 타고 해외에 나갈 만큼 부유한 사람들에게 혜택이 돌아가고 있기 때문이다.

이렇게 설명할 수도 있다. 100억 원을 버는 사람이 있다고 하자. 그에게서는 38억 원(38%)의 세금을 거두어들여도 생활하는 데 큰 지장이 없다. 하지만 1,200만 원을 버는 사람에게서 456만 원 (38%)의 세금을 거둬 버리면 생활이 몹시 힘들어진다. 따라서 부자는 좀 더 많이, 가난한 사람은 좀 더 적게 세금을 내는 정책을 시행해야 한다. 한편 우리가 미래에 운이 매우 나빠서 가난해질지도 모른다는 걱정을 하는 경우에도 부자에게 많은 세금을, 가난한 사람에게 적은 세금을 내도록 제도를 만드는 것이 안심이 된다.

물론 능력에 따라 세금 부담을 다르게 하자는 주장을 비판하는 사람들도 있다. 누진세로 인해 사람들의 일하려는 욕구가 떨어지는 역기능이 있다는 것이다. 즉 더 열심히 일을 하고 더 많은 소득을 얻은 사람에게 더 많은 세금을 내도록 한다면, 결국 일을 덜 하고 돈도 덜 벌고 세금도 덜 내는 쪽을 선택하게 되지 않겠냐는 우려다.

그 주장대로라면 우리나라도 누진세를 적용하고 있으니 사람들이 일 안 하고 세금도 적게 내겠다는 선택을 하고 있을까? 우리나라에서 과세표준 1,200만 원인 사람은 세금을 내고 나면 1,128만 원을, 9,000만 원인 사람은 5,850만 원을 손에 쥐게 된다. 소득의 차이가 줄어들기는 했지만 여전히 소득이 5,000만 원 가까이 차이가 나는데 열심히 일을 안 할까?

이런 역기능은 어느 만큼의 누진세율을 적용하는지에 따라서

사회적 감수성을 키우는 시민 교과서

달라질 수 있는 문제다. 그리고 분명한 것은 오늘날 대부분의 국가가 누진세의 역기능을 염려하느라 능력에 따른 세금 부담의 원칙을 포기하지는 않는다는 점이다. 오히려 현대사회 대부분의 국가는 능력에 따른 세금 부담의 원칙을 고수하고 있다.

다만 많은 나라들이 적정한 누진세율이 얼마인지를 두고 합의점을 찾기 위해 많은 논쟁을 하고 있고 우리나라도 예외는 아니다. 시민이 선출한 대표들이 국회에 모여 세금의 징수와 관련된 논쟁을 하고, 그 결과를 바탕으로 세금을 얼마나 어떻게 거둘 것인지를 결정하고 있다. 그리고 이렇게 해서 마련된 재원으로 정부에서는 시민들이 필요로 하는 공공재나 공공서비스를 생산하여 제공하고 있는 것이다.

그럼에도 불구하고 사람들은 여전히 세금을 내야 할 때 당장 돈이 아깝다는 생각을 한다. 어찌 되었든 내가 가지고 있는 돈이 줄어들기 때문이다. 서점에는 세금을 적게 내거나

합법적으로 세금을 안 내는 방법을 소개한 책들이 인기를 누리고 있다. 세금을 적게 내는 방법만 전문적으로 연구하는 사람들도 있다.

우리나라의 조세제도

앞서 살펴본 바와 같이 버는 돈이 많은 사람, 모아 둔 돈이 많은 사람, 쓰는 돈이 많은 사람 들을 모두 경제적 능력이 있다고 판단할 수 있으며, 실제로 국가는 그들 모두에게 세금을 내도록 하고 있다. 당연히 현실의 조세제도는 상당히 복잡하다. 복잡한 조세제

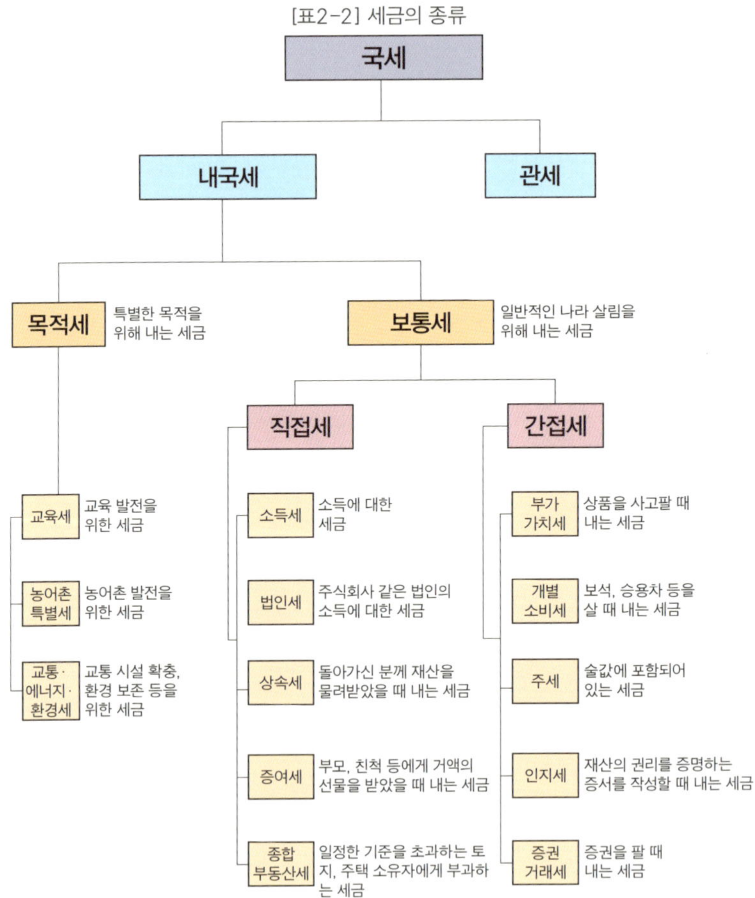

[표2-2] 세금의 종류

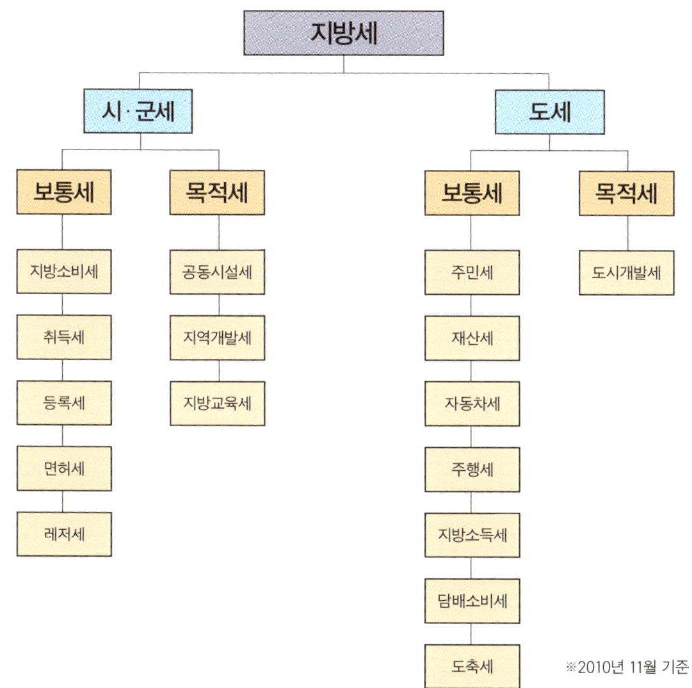

도를 여러 가지 방법으로 분류할 수 있는데 애석하게도 이것마저 복잡하다.

먼저 세금에는 어떤 종류가 있는지 살펴보자.

세금은 걷는 주체가 중앙정부인가 지방정부인가에 따라 국세와 지방세로 분류된다. 국세는 다시 국경을 기준으로 나라 안에서 이루어지는 거래에 대해 내는 '내국세(국세청 담당)'와 국경을 통과하는 수입물품에 대해 내는 '관세(관세청 담당)'로 나뉜다.

내국세에는 모두 13가지가 있는데 이 중 몇 가지만 자세히 살펴보자.

소득세는 가장 기본이 되는 세금이다. 회사에서 일을 하고 받은 월급, 슈퍼마켓이나 빵집 등 자기 가게를 운영하여 생긴 이익 등 개인이 얻은 소득에 대해 부과하는 조세를 말한다. 소득을 세금 부담 능력이라고 보기 때문에 소득이 많은 사람일수록 높은 세금 부담을 지게 된다. 대신 소득에서 기본적인 생활을 하는 데 필요한 금액을 뺀 나머지에 세금을 매기므로 전체 근로소득자의 40%는 소득세를 내지 않는다.

법인세에서 법인(法人)이란 살아 숨 쉬는 인격체는 아니지만 법적으로 사람처럼 재산을 보유할 수도 있고 사업을 운영할 수도 있는 단체(대부분은 큰 회사)를 말한다. 소득세가 소득이 생긴 개인이 내는 세금이라면, 법인세는 소득이 생긴 법인이 내는 세금이다.

상속세는 부모님이 돌아가신 후, 부모님의 재산을 자식이 물려받을 때 내는 세금이다. 이 경우 특별한 노력을 하지 않았음에도 부모의 재산을 물려받아 소득이 생겼다고 볼 수 있기 때문에 세율이 높은 편이다.

증여세는 부모님(살아 계실 때)이나 다른 사람으로부터 아무 대가 없이 재산을 받을 때 내는 세금이다. 청소년들이 받는 용돈도

사회적 감수성을 키우는 시민 교과서

엄밀히 말하면 증여라고 볼 수 있지만 적은 금액이라 세금을 내지 않아도 된다.

부가가치세는 간접세에 해당된다. 우리가 1,100원을 내고 과자를 샀다면 그 과자는 얼마일까? 답이 너무 뻔하다고? 뻔하지 않다. 사실 과자의 가격은 1,000원이고 나머지 100원은 부가가치세에 해당된다.

우리나라는 현재 물건 값의 10%가 부가가치세인데, 우리가 물건을 살 때 물건 값에 포함하여 낸 부가가치세는 기업이 국가에 납부하게 된다. 이렇게 세금을 부담하는 사람과 내는 사람이 다른 세금을 간접세라고 한다. 소득세는 소득이 많은 사람에게 높은 세율을 내도록 하고 있는 반면, 부가가치세는 물건을 사는 사람의 경제적 능력과는 관계없이 똑같이 10%를 내게 된다. 단, 우유, 달걀, 돼지고기, 채소와 같은 가공을 거치지 않은 식품이나 버스·지하철 요금 등 기초생활필수품 그리고 의사의 진료, 도서, 학교, 학원과 같은 의료 및 교육과 관련된 서비스에는 부가가치세를 매기지 않는다.

유류세는 휘발유나 경유 등 기름에 부과되는 세금이다. 유류세라는 세금이 별도로 있는 것은 아니고, 간접세인 개별소비세, 국세 중 교통세, 에너지세, 환경세, 교육세 등을 뜻한다. 휘발유를 5만 원어치 구입하면 2만 3,500원의 유류세를 낸 것이나 마찬가지다.

사람들은 가격이 비싸면 적게 산다. 따라서 건강에 해로운 술에 세금을 매겨서 가격이 비싼 것처럼 느끼게 만들고, 술의 소비를 줄이도록 유도하기 위해 만들어진 세금이 주세다. 술의 종류에 따라 다르지만 2,000원짜리 맥주를 한 병 구입하는 경우, 실제 맥주 값은 560원, 세금은 1,440원이다.

그 외에도 토지나 건물, 자동차 등을 구입할 때 취득세를, 등록할 때 등록세를 내게 된다. 또 건물이나 비행기, 배를 가지고 있는 사람도 경제적 능력이 있는 것으로 간주하여 세금을 낸다.

다양한 세금 분류 방식 가운데 직접세와 간접세에 대해 좀 더 알아보기로 하자.

앞에서 간략히 살펴본 바와 같이 직접세와 간접세의 납부방식은 매우 다르다. 직접세는 납세자(세금을 낼 의무가 있는 사람)가 자신의 소득이나 재산의 정도에 따라 다르게 정해진 세금을 내기 위해 자기 주머니에서 직접 돈을 꺼내야 한다.

사람들은 아무런 대가 없이 내 돈을 국가에 그냥 바치는 거라고 느끼기 때문에 세금을 잘 안 내려고 한다. 세금을 더 많이 걷겠다고 공언하는 정부나 국회의원이 많지 않은 것도 바로 이 때문이다.

그런데 간접세는 상품이나 서비스의 가격에 포함되어 있는 세금이기 때문에, 물건이나 서비스를 사는 비용이라고 생각할 뿐 세금을 내는 것이라고는 잘 의식하지 못하므로 조세저항이 적다. 게다가 간접세를 내지 않고서는 물건을 살 수가 없기 때문에 조세회피 또한 어렵다.

직접세는 돈을 많이 벌거나 재산이 많은 사람들이 더 많이 내게 되는 반면, 간접세는 물건을 사는 사람 모두가 똑같이 부담하게 된다. 소비하는 사람이 부자인지 가난한 사람인지는 아무 상관이 없다.

극단적으로 비교해 보자면, 대기업 회장님과 서울역의 노숙인, 두 사람이 편의점에서 1,100원짜리 김밥을 사 먹는다고 할 때 똑같이 100원의 세금을 내는 것이다. 재산이 1조 원에 달하는 대기업 회장과 1,000원짜리 한 장도 소중한 노숙인이 똑같이 내는 세금, 그것이 간접세다. 그리고 이 점이 우리가 간접세에 주목하는 이유다.

다음은 한 시사프로그램에서 방송된 세금에 대한 이야기다. 평범한 대한민국 직장인 구초롱 씨가 하루 동안 내는 간접세들을 살펴보자.

구초롱 씨는 1년 소득이 약 2,500만 원으로 70만 원의 소득세를 내고 있다. 간접세가 총 148만 원이므로 직접세인 소득세보다 간접세를 두 배가량 많이 내고 있는 셈이다. 그렇다면 구초롱 씨보다 더 가난한 사람은 어떨까?

다음 [표2-3]을 살펴보면 조금 놀랄지도 모르겠다.

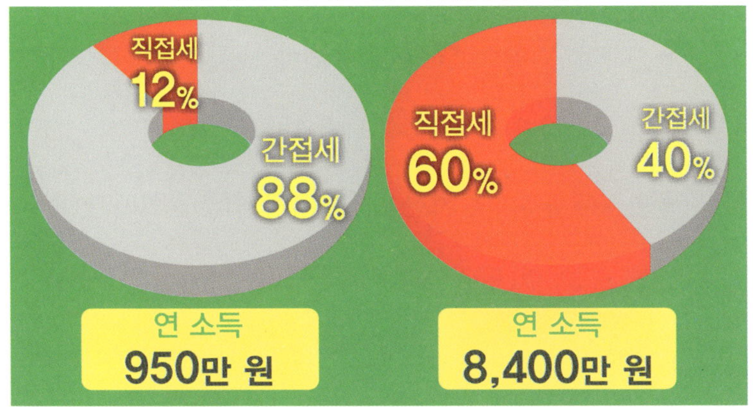

〈출처: 통계청, 2006〉

1년에 벌어들이는 소득이 950만 원인 사람이 내는 세금의 88%는 간접세다. 반면 8,400만 원을 버는 사람은 세금의 40%만이 간접세다. 그렇다면 간접세가 늘어나는 것은 누구에게 더 큰 부담이 될까? 직접세를 줄여 주면 누구에게 더 큰 이익으로 돌아올까?

우리나라는 2007년에는 전체 국세 가운데 간접세의 비중이 47% 정도였지만 2010년에는 52%로 늘어났다. 소득세, 재산세, 법인세 등의 세율을 낮추었기 때문에 직접세는 줄어든 것이다. 반면 이를 보충하기 위해 간접세를 늘렸다.

이렇게 세금의 구성비가 달라지면서 우리나라에 어떤 변화가 생겼을까?

- 전체 소득세가 7조 원이 줄었다. 소득 수준이 상위 20%인 사람들이 6조 원을 적게 냈다.

- 한 고위공직자는 자신이 만든 정책 덕분에 2007년에는 1,200만 원을 종합부동산세(6억 원 이상의 주택에 부과)로 납부했지만 2009년에는 30만 원만 냈다.

- 2009년에 전체 자산 5,000억 원 이상인 기업의 법인세는 전년보다 11.8% 줄어들었다. 반면 200억 원 이하인 기업의 법인세는 단 2% 줄어들었다.

- 애완동물이 진료를 받는 경우도 부가가치세를 내도록 하여 애완동물 진료비가 10% 늘어났다.

- 한 달에 기름값으로만 400만 원을 쓴 자영업자는 200만 원에 가까운 유류세를 냈다.

- 2011년에 유류세는 정부 예상보다 3조 원 더 거둬졌다.

위의 6가지 사실들을 통해 발견할 수 있는 변화는 첫째, 부유한 사람들은 직접세 감소로 많은 혜택을 누렸다는 점. 둘째, 부족해진 세금을 충당하기 위해 부유한 사람, 가난한 사람 구분하지 않고 똑같이 걷는 간접세가 늘어났다는 점이다.

결국 부유한 사람이 적게 낸 것을, 부자와 가난한 사람들이 함께 메웠으니 결과적으로는 빈부격차가 더 확대된 것이나 마찬가지다.

모든 사람들의 소득 수준이 비슷한 경우에는 직접세를 줄이고 간접세를 늘려도 문제가 되지 않는다. 그러나 불행하게도 우리나라처럼 소득의 불평등이 커지고 있는 나라에서 간접세를 늘렸으니 빈부격차는 오히려 더 확대되어 버렸다.

우리나라의 조세부담률

세금을 덜 내고 싶어 하는 것은 부자나 가난한 사람이나 마찬가지다. 그리고 앞에서 살펴본 것처럼 최근 우리나라는 실제로 부자들의 세금은 많이 감면되었다. 세

> *조세부담률
> 한 나라의 국민총생산 또는 국민소득에 대한 조세총액의 비율.
> 우리나라에서는 국민총생산에 대한 비율을 택하고 있으나, 일반적으로는 국민소득에 대한 비율로 표시하는 예가 많다. 국민소득, 즉 1년간 국민이 새로 생산한 순생산물에서 얼마만큼이 조세로 국가에 분할되는가를 나타내며, 한 나라 재정의 상대적 규모를 제시하는 지표가 된다.

금을 내고 나면 내가 쓸 수 있는 돈이 줄어들게 되므로 누구나 세금에 대해 부담을 느낀다. 그렇다면 우리나라는 세금을 많이 내는 나라일까? 우리나라의 조세부담률은 어느 정도나 될까?

[표2-4]를 살펴보면 우리나라 국민이 내고 있는 소득세율은 17.2%로 OECD(경제개발협력기구) 30개국 가운데 네 번째로 낮다. 특히 우리나라는 평균소득의 167%를 받는 고소득자에게 매기는 세율이 OECD 국가 중에서 두 번째로 낮다.

다시 말하면 우리나라는 결코 세금을 많이 내고 있는 나라가 아니며 소득세를 더 낮추는 것이 거의 불가능함을 의미한다. 사실 이미 전체 근로소득자 가운데 40%는 소득세 과세 대상에서 제외된 상태로 소득세를 전혀 내지 않고 있다.

또한 주로 기업들이 내고 있는 법인세 역시 OECD 국가들 가운데 낮은 수준으로 미국이나 일본 기업의 60% 정도밖에 되지 않음을 알 수 있다. 결론적으로 우리나라는 세금을 깎아 주어야 할 만큼 조세부담이 큰 나라가 아니다.

> *OECD
> 경제협력개발기구(Organization for Economic Cooperation and Development)는 세계적인 국제기구 중 하나다. 대부분 정치적으로 대의제, 경제적으로 자유시장 원칙을 받아들인 선진국들이 회원으로 참여한다. OECD의 목적은 경제성장, 개발도상국 원조, 무역의 확대 등이며 경제정책의 조정, 무역문제 검토, 산업정책 검토, 환경문제, 개발도상국의 원조문제 등의 활동을 한다. 1996년 12월 12일 대한민국도 회원국으로 가입했고, 현재 미국, 영국, 핀란드 등 세계 34개국이 회원국으로 되어 있다.

사회적 감수성을 키우는 시민 교과서

[표2-4] OECD 국가별 소득세율 및 법인세율

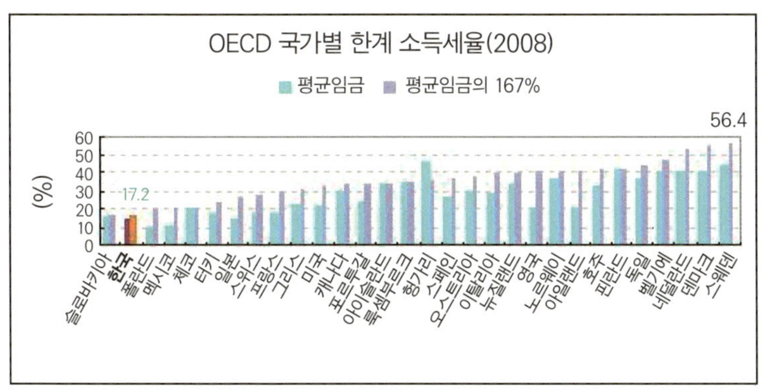

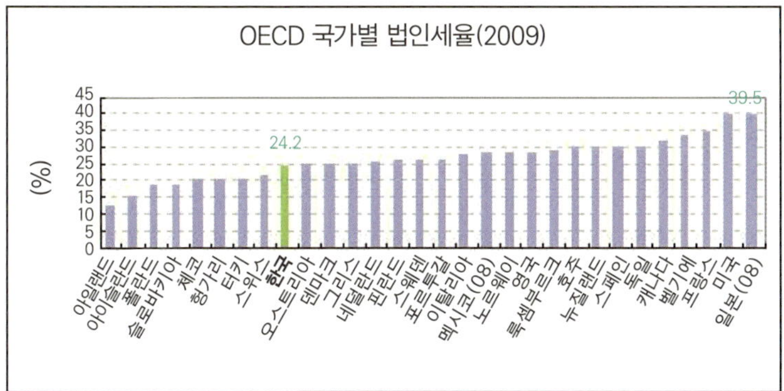

〈출처: OECD 자료로부터 KSERI(김광수경제연구소) 작성〉

제2장 세금, 누구에게 얼마나 걷을까

1. 세금을 보는 두 가지 시선

만약 내가 정치인이 된다면, 사람들에게 "세금에서 구제해 주겠습니다!"라고 말하겠는가? 아니면 "세금에 투자하세요!"라고 말하겠는가? 내가 유권자라면 어떤 말을 하는 정치인에게 표를 던지겠는가?

세금에서 구제해 주겠습니다!

-생각 길라잡이-

구제 하면 어떤 이미지가 떠오르는가? 멋진 영웅이 험난한 모험과 과정을 거쳐 고통과 곤경에 처한 사람을 당당하게 구하는 그런 이미지가 연상되는가? 그런데 세금에 구제라는 말을 붙여 썼네? 세금에서 구제해 주겠다는 것은 누군가가 세금 때문에 고통과 곤경에 처했다는 이야기다. 그렇다면 세금이 있는 곳에 고통이 있다는 이야기군. 그런데 이 고통, 과연 누구에게 고통이라는 이야기일까?

어쨌든 세금 때문에 고통을 겪는 사람에겐 세금을 줄여 주는 사람이 바로 영웅이 되겠군. "짠!" 하고 나타나 세금으로부터 당신을 구해 주는! 만약 이 영웅이 당신을 구해 주려고 하는데 자꾸 세금을 내야 한다고 말하거나 또는 세금을 줄이는 것을 방해하는 사람이 있다면 그 사람은 악당이 되겠군. 세금을 줄여 주겠다는 정책은 매우 긍정적인 이미지를 얻게 되겠군.

그런데 세금을 줄이면 정말 많은 사람들이 고통으로부터 구제되는 걸까?

세금에 투자하세요!

-생각 길라잡이-

투자 하면 어떤 이미지가 떠오르는가? 진취적이고 기대하는 눈빛으로 누군가에게 자신의 돈을 맡기며 미래에 돌아올 수익을 상상하는 그런 이미지가 연상되는가?

그런데 투자 앞에 세금이 붙었네? 투자한다는 것은 돈을 버리는 일이 아니라 미래에 올 어떤 수익창출을 기대하는 일 아닌가? 그렇다면 세금에 투자를 했을 때 향후 나에게 어떤 수익이 생긴다는 이야기일까?

어쨌든 세금을 내는 것이 나에게 도움이 되는 일이라면 구체적으로 어떤 도움을 말하는 거지? 하긴 사람들이 세금을 낸다는 것은 고속도로나 지하철을 만들 수 있다는 것이고, 학교와 놀이터를 짓는 것이고, 신호등이나 가로등을 설치하는 것이고, 정부를 구성하는 데 쓴다는 거잖아. 그건 우리 모두와 우리의 아이들에게 돌아갈 일이지.

그런데 왜 이런 투자를 하면서 부자들에게 더 많은 부담을 지워야 할까? 세금으로 만들어진 좋은 세상은 부자들에겐 어떤 점이 좋을까?

2. 책임 있는 부자들의 생각

미국 조지 W. 부시 대통령은 재임 시절 상속세 폐지 제도를 강력하게 추진했다. 그런데 당시 상속세 폐지 제도에 저항해 가장 활발하게 운동을 벌인 사람들은 다름 아닌 최고 부자들! 윌리엄 게이츠 시니어 이사장, '전설적인 투자자' 워렌 버핏, '금융의 연금술사' 조지 소로스, 석유왕 록펠러의 후손인 데이비드 록펠러 시니어, 언론재벌 테드 터너, 록펠러가(家) 및 루스벨트가 사람들 등이었다. 억만장자인 이들은 「뉴욕타임스」에 '상속세 폐지 반대' 광고까지 냈다.

우리나라에서 상속세는 바보나 낸다고 해서 '바보세'라고 불리지만 미국에서 상속세는 '죽음세'라는 별명을 갖고 있다. 부자들에게만 물리는 세금을 깎거나 없애 주겠다는데 부자들이 거부하고 나섰던 이유는 무엇이었을까?

윌리엄 게이츠 시니어

빌 게이츠의 아버지 윌리엄 게이츠 시니어(William Gates Senior)는 상속세가 세상에서 가장 훌륭한 세금이라고 믿는 사람이다. 그는 "부자들이 계속 욕심을 부리면 미국 자본주의와 민주주의는 망한다. 부자를 없애자는 것이 아니라 부자가 계속 이어지도록 하자는 것"이라는 말을 입에 달고 다닌다.

윌리엄 게이츠 시니어는 전국으로 강연을 다니며 상속세 폐지에 반

사회적 감수성을 키우는 시민 교과서

대하는 운동에 동참했다.

"상속세를 폐지하면 그러지 않아도 문제인 빈부격차가 더 심각해질 것입니다. 부자는 더 부자가 되고 가난한 사람은 더 가난해집니다. 상속세가 없어지면 매년 300억 달러의 세수(稅收)가 줄어들기 때문에 국민들에게 다른 세금을 더 거둬야 합니다. 또 상속세가 없어지면 세금을 피하려고 부자들이 내는 기부금이 훨씬 줄어들게 될 겁니다. 미국에서 상속세는 재산이 많은 전 국민의 2%에게만 부과될 뿐인데 이것이 공평하지 않다면서 없애려 하면 안 됩니다."

윌리엄 게이츠 시니어는 부자들의 부는 이 자본주의 사회에서 정부의 강력한 지지와 사회 구성원의 도움 없이는 불가능한 것이고, 부자를 존재하게 할 수 있는 버팀목은 바로 서민과 중산층이라고 주장했다.

워렌 버핏

재산 대부분을 자선단체에 기부키로 한 워렌 버핏(Warren Buffett) 버크셔 헤더웨이 회장 겸 최고경영자(CEO)는 조지 W. 부시 대통령이 추진하고 있는 상속세 폐지 시도를 강력히 비난했다. 그는 상속세는 매

우 공정한 세금이라면서
기회균등의 이상을 유지
하고 부유층에게 특혜를
주지 않기 위해서도 상속
세는 필요하다고 역설했
다.

버핏 회장은 이어 "나는 매우 운이 좋았다."라면서 자신의 기부 결정
은 재산 형성 과정에서 운이 좋았다는 자각에 따른 것이라고 설명했다.

또한 "기업인이 자녀에게 기업을 물려주겠다고 주장하는 것은 마치
2000년 올림픽 금메달리스트 선수들이 2020년 올림픽에서도 자신들
의 장남으로 국가대표 선수단을 꾸리겠다고 우기는 거나 매일반"이라고
풍자했다.

조지 소로스

퀀텀펀드의 조지 소
로스(George Soros)
회장은 "우리는 빈부격
차가 갈수록 커지는 세
상에 살고 있고 이것은
우리 사회의 건강에 유

익하다고 볼 수 없다."며 "상속세 폐지는 이런 경향을 더욱 부채질할 것"

사회적 감수성을 키우는 시민 교과서

이라고 우려했다. 그는 "상속세 폐지가 자선단체 기부 의욕을 떨어뜨리
는 한편, 국가 재정적자가 악화되면서 경제에 장기적으로 악영향을 줘
결국 금리가 오르게 될 것"이라고 내다봤다.

　소로스는 "세금은 죽음과 마찬가지로 유쾌하지 못한 게 사실이지만
그렇다고 해서 세금이나 죽음을 폐지할 수는 없다."라고 강조했다.

사회적 감수성을 키우는 시민 교과서

요즘에도 세금이 없는 나라가 있을까?

있다!

우리는 머릿속으로는 세금이 꼭 필요한 것이니 당연히 납부해야 한다는 것을 알고 있지만 가슴속으로는 세금에 대해 불편한 생각을 가지고 있는 것이 사실이다. 간접세 같은 경우에는 아예 상품 가격에 포함되어 있기까지 하다. 꼬박꼬박 내라고 하는 세금은 왜 이리 많게 느껴지는지 한숨이 절로 나오는 경우도 많다.

그런데 이런 세금이 없는 나라가 있다고 하니, 대체 어디일까?

리히텐슈타인

알프스 산맥의 기슭에 위치하고 있으며, 인구가 3만 명에 불과한 작은 국가인 리히텐슈타인. 엄연한 주권국가이지만 스위스 화폐를 사용하는 등 사실상 스위스  의 한 주(州)와 마찬가지로 취급되고 있다. 또한 리히텐슈타인은 소규모의 군대가 1868년에 해산됨으로써 현재 군대를 보유하고 있지 않으며 국민은 납세와 병역의 의무가 없다.

세금이 없거나 아주 적기 때문에 다른 나라의 기업이나 은행들이 탈세를 하기 위해서 이 나라를 이용하는 경우가 많아서 국제적인 문제가 되기도 한다.

사우디아라비아.

가장 많은 석유를 보유하고 있는 이 나라의 국민들은 세금을 내지 않는다. 사우디아라비아에 매장되어 있는 어마어마한 석유량 덕분이다. 전 세계 석유 매장량  의 25%가 한 나라에 집중된 덕에 사우디아라비아는 세계의 에너지 공급을 결정지을 수도 있는 막대한 힘을 가지게 되었다. 그 자본을 바탕으로 사우디아라비아는 아랍 최강의 군사력을 구축하였고 엄청난 복지제도를 갖추게 되었다.

사우디아라비아의 국민들은 세금을 내지 않으며 의료비와 대학 학비도 무료이며 미국보다 더 높은 소비문화를 구축하고 있다.

하지만 이 꿈 같은 나라는 세금이 없는 덕에 지독한 과소비에 시달리고 있고 어마어마한 빈부격차를 겪고 있다. 생활에 필요한 거의 모든 재화를 스스로 만들 힘이 없어 수입해 와야 하고 범죄율은 나날이 높아만 가고 있다. 게다가 전체 실업률은 15%, 20대 실업률은 30%가 넘는다.

북한

북한도 세금이 없다.

북한은 세금을 자본가들이 인민대중을 착취하는 수단으로 규정해 왔으며, 실제로 1974년을 시작으로 모든 명목적인 세금제도를 폐지함으로써 세금 없는 지상낙원을 이룩했음을 공언해 왔다.

북한은 기업이든, 공장이든, 상점이든, 소득이 발생할 수 있는 모든 생산수단을 개인 소유가 아닌 국가의 소유로 만들었다. 즉 국가 자체가 거대한 기업인 것이다. 따라서 발생하는 모든 소득은 전부 국가의 것이고, 국민들의 월급은 이미 세금을 공제한 후 주는 것이니 국민들이 다시 세금을 낼 필요가 없다.

그런데 북한도 최근 들어 경제 상황이 안 좋아져서 무엇에든 닥치는 대로 '이용료'를 부과한다고 한다. 땅을 사용하면 토지이용료를 내야 하고 장사를 할 때에도 명목조차 확실하지 않은 이용료를 부과한다고 하니 세금이라는 이름만 없을 뿐 세금을 내는 것이나 마찬가지인 상황이 되었다.

세금이 없으면 과연 행복할까?

앞서 언급한 나라들처럼 세금이 없는 나라는 정말 행복할까?

만약 리히텐슈타인처럼 군대가 없어서 방위세를 내지 않게 되면 좋을까? 당장 전쟁이 일어나지는 않더라도 항상 불안을 느끼면서 살아가야 한다면 세금을 내지 않아도 되니 그걸로 행복할까?

만약 사우디아라비아처럼 과소비에 빈부격차, 범죄와 실업도 많다면? 세금이 없어도 될 만큼 부유하긴 하지만 아주 가난한 사람들의 생활을 나 몰라라 하고 범죄가 늘어가는 사회 속에서 과연 행복할 수 있을까?

만약 북한처럼 세금이라는 말은 없지만 각종 이용료를 내야 하는 상황이라면? 각종 이용료로 인해 여전히 어려운 생활을 해야만 하는 국민들은 과연 행복하다고 할 수 있을까?

우리는 얼핏 세금이 없으면 참 행복하겠다는 생각을 많이 하곤 한

사회적 감수성을 키우는 시민 교과서

다. 하지만 세금이 없다고 해서 다 좋은 것은 아니다. 세금이 없는 나라를 깊숙이 들여다보면 거의 모두가 문제점을 가지고 있다.

세금이라는 말만 안 썼지 세금을 다 걷어 가거나, 실업과 물가 상승으로 인해 국민들의 생활이 어려워지거나, 혹은 도로나, 공원, 전기, 전화, 인터넷 등과 같이 국민들이 살아가기 위해서 꼭 필요한 기본적인 시설들도 세금이 없다면 모두 사라질 것이다.

결국 세금이 없다고 해서 자연적으로 국민이 행복해지는 것은 아니다. 사람들이 모여 사는 사회에는 함께 해결할 수밖에 없는 많은 문제들이 있다. 국가와 국민 모두의 노력이 필요하다. 어쩌면 그래서 세금이 만들어졌는지도 모른다. 모두가 행복한 세상을 만들기 위해서.

역사 속 세금 이야기 ②

세금,
어디에 어떻게 써야 할까

“세금 내는 것이 좋은가, 싫은가?”라고 누군가가 묻는다면, 우리는 어떻게 대답할까? 모든 사람이 그런 것은 아니지만 대부분의 사람들은 싫다고 대답할 것이다. 그들에게 세금이란 국가가 내 주머니에서 꺼내 가는 것, 그래서 가급적 적게 내고 싶은 것이기 때문이다. 왜 우리는 세금을 이렇게 싫어하게 되었을까?

근대화가 되기 전 우리나라에서 세금을 거둬 가는 지배층들은 갖은 방법으로 거의 세금을 내지 않으면서 온갖 혜택을 누리며 풍요롭게 지냈다. 대신 힘없는 백성은 헐벗고 굶주리는 빈곤 속에서도 꼬박꼬박 세금을 내야 했다. 소위 백성들의 ‘혈세(血稅)’로 권력을 가진 자들이 호의호식한 것이다. 따라서 우리의 유전자 속에

사회적 감수성을 키우는 시민 교과서

세금 있는 사회

세금 없는 사회

남아 있는 세금에 대한 기억은 힘없는 백성이 국가나 권력을 가진 자에게 '빼앗기는 것', 바로 그것이었다.

그러나 과거 왕이 지배했던 사회와 달리 현대사회에서는 시민들의 대표기관인 국회에서 세금을 얼마나 걷을 것인지, 어느 곳에 사용할 것인지를 결정하고 있다. 당연히 내가 내는 세금은 왕이나 귀족 같은 특권층이 아니라 시민 전체를 위한 것이며, 내 주변 곳곳에 존재하는 도로, 신호등, 공원, 학교, 문화센터 등을 짓고 운영하는 데 사용되고 있다.

즉 세금은 우리 사회 구성원 전체를 위한 것이며, 세금이 없어지면 내가 지금 사용하는 재화와 서비스 가운데 꼭 필요한 것들도 함께 없어지게 된다. 따라서 조세제도는 현대사회에서 사회 전체 생활수준의 향상을 위해 필수불가결한 제도라고 볼 수 있다.

애석하게도 사람들은 여전히 세금이라고 하면 내 주머니에서 돈이 나간다는 사실만 떠올린다. 왜 그럴까? 월급통장에서 세금이 빠져나가는 것은 정확한 숫자로 눈에 보이는 반면 세금의 혜택은 확인하기 어렵기 때문일 것이다. 그러므로 내 일상생활의 얼마나 많은 부분을 세금에 빚지고 있는지, 세금이 어떤 형태로 어떻게 나에게 돌아오는지, 그리고 어떻게 우리 사회의 구성원 다수를 행복하게 만들 수 있는지 살펴보는 것은 중요하다.

우리의 생활과 세금

범생이의 하루 일과

오전 6:30	잠자리에서 일어난다.
6:30~7:00	세면대 앞에 서서 세수를 한다.
7:00~7:30	아버지와 함께 뒷산으로 운동을 하러 간다. 산 위에는 운동기구가 있다.
7:30~8:00	가족과 함께 아침식사를 한다. 오늘 메뉴는 된장국.
8:00~8:30	버스를 타고 등교한다. 복잡한 교차로 한가운데 교통경찰관이 교통정리를 하고 있다.
8:30~오후 3:00	학교에서 수업을 받는다. 내가 좋아하는 사회 과목이 있는 날이다.
12:30~1:30	점심시간에는 급식실에서 밥을 먹고 아리수 음수대에서 물을 마신다.
1:30~3:00	오늘은 신체검사가 있는 날이었는데 소변검사 항목도 있었다. 아이들이 줄을 서서 기다렸다가 소변검사용 키트를 받아 들고는 서로 낄낄대며 웃었다.
3:00~4:00	공원에서 친구들과 농구 경기를 했다. 우리 팀이 졌지만 재밌었다.
4:30~6:00	수행평가 준비를 하기 위해 도서관에 갔다. 참고가 될 만한 여러 책을 빌려 보았다.
6:00~7:00	봉사활동이 있는 날이었다. 장애인 복지시설에서 장애인들을 돌보는 일을 했다.
7:00~8:00	오랜만에 온 가족이 모여서 저녁식사를 했다.
8:00~	거실에 모여 다같이 TV를 보았다. 사건사고 뉴스를 보면서 서로의 생각을 이야기했다. 잠자리에 들기 전에 샤워를 하고 내일을 위해 일찍 잠자리에 들었다.

많은 학생들은 세금은 어른들과 관련된 문제이지 경제활동을 하지 않는 자신들과는 상관없다고 생각한다. 과연 그럴까? 결코 그

렇지 않다.

앞에서 살펴본 범생이의 하루 일과는 평범해 보이지만 사실은 수상한 점이 한두 가지가 아니다. 어떤 이상한 점이 보이는가? 모름지기 학생이라면 늦잠을 좀 자야 하는데 범생이가 너무 일찍 일어난 점? 심지어 일찍 일어나서 아버지랑 아침 운동을 한 점? 도서관에서 무려 1시간 30분이나 책을 읽은 점? 아니면 하루 종일 인터넷을 한 번도 하지 않고 10시에 잠자리에 든 점? 아니다.

바로 다음과 같은 것들이 수상한 점이다.

사회적 감수성을 키우는 시민 교과서

그림들은 모두 범생이에게 꼭 필요하거나 생활을 윤택하게 만들어 주는 것들이다. 그런데 이런 것들을 사용하면서 요금을 내지 않았다. 이 혜택을 모두 공짜로 누리고 있었던 것이다. 그런데 어떻게 이 많은 것들이 공짜일 수가 있을까?

사실 범생이는 그것들을 완전히 공짜로 이용하고 있는 것은 아니다. 무료인 것처럼 보였던 서비스와 시설들은 우리가 낸 세금으로 만들어진 것이기 때문이다. 돌아오는 혜택이 눈에 보이지 않아 사람들은 세금을 적게 내고 싶어 하지만 세금의 혜택은 우리 생활 곳곳에 스며들어 있다. 수도관, 도로, 경찰관, 도서관, 공원의 운동기구, 농구골대, 학교 등은 생활을 훨씬 윤택하고 풍요롭게 만들어 준다. 정부나 자치단체가 이러한 시설을 만들어 시민들이 이용할 수 있도록 개방하면 매번 돈을 내지 않고서도 얼마든지 사용할 수 있기 때문이다.

여기서 돈을 지불하지 않아도 이용할 수 있다는 것은 어떤 의미일까? 그것은 현재의 경제적 능력에 관계없이 모든 사람들이 함께 이용하고 즐길 수 있다는 뜻이다. 아무리 가난하더라도 기본적인 교육을 받을 권리가 있다. 또 강도나 도둑으로부터 피해를 입지 않고 안전하게 생활할 권리가 있고, 깨끗한 공기를 마시면서 휴식을 취하고 건강을 지키기 위해 운동을 할 권리도 있다. 우리는 모든 인간이 인간답게 살 권리를 가지고 태어났다는 신념을 공유하고 있다. 따라서 경제적 여건에 관계없이 모든 사람이 누려야만 하는 재화나 서비스가 존재한다는 생각에도 동의한다.

또한 모든 사람이 건강하고 인간다운 삶을 누린다는 것은 개인적 차원의 권리보장이라는 의의를 뛰어넘는 중요한 의미가 있다. 사회 구성원들의 대다수가 건강하고 자유로운 시민이라는 것은 곧 그 사회가 건강하고 자유로운 사회가 될 가능성이 높다는 것을

사회적 감수성을 키우는 시민 교과서

의미하기 때문이다.

따라서 국가는 국민 모두에게 교육을 받을 수 있도록 하고, 건강하고 쾌적한 생활을 할 수 있는 여건을 만들어 주어야 한다. 이를 위해 정부는 세금을 이용하여 교육, 건강한 환경 등 인간다운 삶을 위해 필요한 재화나 서비스를 생산 및 공급하여, 우리 사회의 모든 사람이 행복하게 살 수 있는 기초를 마련하고 있다.

물론 그 외에도 정부에서 생산하여 공급하는 것들이 있다. 개인이 마련하기에는 너무 큰 비용이 드는 것이거나 필요한 사람이 각자 생산하는 것이 사회적으로 낭비를 유발하는 경우가 그렇다.

예를 들어, 집에서 학교까지 가는 길을 모든 사람이 제각각 만드는 것보다는 하나만 만들어 함께 사용하는 것이 훨씬 경제적이다. 혹은 모든 사람이 각자 강에서 자기 집까지 수도관을 설치하는 것보다는 커다란 수도관 하나를 함께 설치하여 동네까지 물을 끌어온 후, 각자의 집에 비교적 가늘고 짧은 수도관을 연결하는 편이 사회 전체적으로 훨씬 경제적이다. 또 모든 사람이 제각기 승용차를 몰고 도로로 쏟아져 나오는 것보다는 커다란 버스를 타고 함께 움직이는 것이, 각자 자신이 이용할 공원을 따로따로 만드는 것보다 많은 사람들이 넓은 공원 하나를 만들어 함께 이용하는 것

[그림3-1] 우리 집까지 수도관을 설치하는 데 비용이 적게 드는 쪽은?

이 훨씬 경제적이다. 그 외에도 함께 만들어서 함께 이용하는 것들이 더 경제적인 경우는 우리 주변에서 얼마든지 발견할 수 있다.

정리하면, 정부는 경제적 형편과 상관없이 모든 사람이 누릴 수 있어야 할 것들, 혹은 함께 생산해서 함께 사용하는 것이 경제적으로 더 효율적인 것들을 생산하여 우리에게 제공하고 있는 셈이다. 따라서 정부가 생산하고 있는 재화나 서비스는 우리가 생각하는 것보다 훨씬 다양한 형태로 우리 생활 곳곳에 숨어 있다.

사회적 감수성을 키우는 시민 교과서

공짜는 없다 - 공공재와 가치재

국가는 국민들로부터 각종 세금을 걷는다. 그리고 이렇게 거두어들인 세금은 국가가 여러 가지 활동을 수행하기 위해 필요한 재원이 된다. 예를 들면, 다른 나라의 침략으로부터 국민의 생명과 재산을 보호하기 위해 군대를 만들고, 범죄를 예방하고 공공질서를 유지할 수 있도록 경찰이 활동하도록 하는 데 필요한 재원을 세금으로 충당한다. 또한 홍수, 화재 등 각종 위험과 재난으로부터 국민의 생명과 재산을 보호하기 위해 세금을 사용한다. 그리고 도로, 항만, 철도, 댐, 공항 등 경제 발전에 필요한 기초시설을 만들고 전기 및 수도 등 각종 국민 생활에 필요한 공공시설 건설과 관리에도 세금이 쓰인다. 뿐만 아니라 모든 국민의 최소한의 인간다운 생활을 보장해 주기 위한 복지제도의 운영에도 세금이 사용된다. 정부가 생산하고 있는 다양한 재화와 서비스들이 가진 성격을 기준으로 크게 두 가지로 나누어 살펴보자.

첫째, 정부는 공공재를 생산하기 위해 세금을 지출한다.

공공재란 무엇이며, 왜 정부에서 생산할 수밖에 없을까? 앞에서 다루었던 도적떼의 위협을 받은 마을 이야기를 다시 떠올려 보자. 그 이야기에서 김 씨는 군대의 필요성을 느끼지 못한다고 말했지만 진짜 군대가 필요 없다고 생각한 것은 아니다. 다만 돈을 내지 않기 위해서 자신의 욕구를 숨긴 것이다. 다른 누군가가 생산하면 공짜로 누릴 수 있기 때문이다.

즉 돈을 내지 않은 사람이 혜택을 누리는 것을 막을 수 없거나 (비배제성), 혹은 돈을 내지 않은 사람들이 혜택을 누리더라도 내가 쓸 수 있는 양이 줄어들지 않으며, 다른 사람에게 혜택을 나누어 주는 데 추가로 돈이 드는 것도 아닌(비경합성) 재화나 서비스가 있는 것이다. 그리고 이러한 비배제성과 비경합성이라는 특징을 가진 것들을 우리는 공공재라고 부른다.

공공재가 가진 이러한 특징 때문에 시장(기업)은 생산을 하지 않을 가능성이 높다. 혹시 기업이 생산하더라도 사람들은 가격을 지불하지 않고 이용하려고 할 것이므로, 그 기업은 곧 망하게 될 것이다. 사실 다른 사람에게 혜택을 나눠 줄 때 새로운 비용이 추가로 발생하지도 않기 때문에 가격 자체를 매길 수도 없다. 따라서 공공재의 생산을 시장에 맡기게 되면, 전혀 생산되지 않거나, 생산하더라도 부족할 가능성이 매우 높다. 따라서 정부는 사회적으로 꼭 필요하지만 시장에 맡겨 두면 충분히 공급되기 어려운 성격을 지닌 군대, 경찰, 도로, 댐 등의 공공재를 생산하여 공급한다.

둘째, 정부는 가치재를 생산하기 위해서도 세금을 지출한다. 가치재란 사람들이 인간다운 삶을 보장받기 위해 꼭 필요한 재화나 서비스를 말하는데, 정부는 이러한 가치재를 생산하는 데 세금을 사용한다. 학교, 병원과 같은 시설이 가장 대표적인 가치재인데, 이것은 공공재와 달리 기업에서 생산하여 공급할 수 있다. 가격을 매기는 것도 가능하고 돈을 내지 않은 사람이 소비하는 것을 막을 수도 있기 때문이다. 그래서 실제로 개인이 운영하는 병원이나 학원도 존재한다.

그러나 정부는 국민들의 교육, 건강과 관련된 분야를 전적으로 시장에 맡기는 걸 꺼린다. 정부가 모든 국민들의 인간다운 삶을 보장하기 위해 필요한 것들을 만들어 공급하는 것이 바람직하다고 생각하기 때문이다.

따라서 모든 국민에게 교육 및 보건과 관련된 기초적인 서비스를 제공한다. 또한 시장의 경쟁에만 맡기면 수익성이 낮아서 사라지게 될 예술영화나 연극, 국악 등의 분야에 지원을 하여 우리 문화의 다양성이 유지될 수 있도록 한다. 그리고 이와 같은 정부 정책은 결국 우리 사회를 풍요롭고 보다 인간다운 삶을 살아갈 수 있는 곳으로 만들어 가는 가장 기초적인 활동이 된다.

세금은 실제로 어디에 얼마나 쓰일까

보통의 가정에서는 부모님이 벌어 오신 소득에 맞춰 돈을 어디에 얼마나 쓸지 결정한다. 그러나 국가는 어디에 얼마나 돈을 써야 할지를 결정한 후, 필요하다고 생각한 만큼의 돈을 기업이나 시민들로부터 거두어들인다. 앞에서도 말했듯이 정부의 재정은 국민들이 납부한 국세 수입이 주요 재원이지만 보유 재산 매각, 국공채 발행 등으로 재정을 충당하기도 한다.

> **＊국공채 발행**
> 국공채란 공적인 기관이나 넓은 의미의 정부가 발행하는 채권을 말한다. 국공채를 발행했다는 것은 국가가 부족한 재원을 마련하기 위해 채권시장에서 채권을 신규발행했다는 뜻이다. 참고로 이때 정부 재정은 늘어나고 민간의 화폐량은 감소하여 인플레이션을 억제하는 효과가 있다.

정부의 재정활동은 국민들이 낸 세금을 쓰는 것이고 이는 국가 경제에 막대한 영향을 끼치므로 미리 계획을 세워 효율적으로 운용되어야 한다. 우리나라의 경우 매년 1년 동안의 나라 살림에 쓸 경비와 이에 필요한 국가 수입을 미리 정하여 국회에 보고하고 동의를 받는다.

다시 말해 세출을 미리 계획하고 그에 맞추어 세입을 결정하는 것이다. 이렇게 나라 살림에 쓸 경비를 '세출예산', 이를 뒷받침하기 위해 확정하는 국가의 수입을 '세입예산'이라고 한다. 따라서 이러

사회적 감수성을 키우는 시민 교과서

한 예산을 살펴보면 국가가 세금을 어디에 얼마나 쓰고 있는지 손쉽게 파악할 수 있다.

[표3-1]은 2009년도 우리나라 세출예산을 보여 주는 자료다. 너무 항목이 많고 복잡해서 한눈에 쏙 들어오진 않을 것이다. 더 간략하게 설명하고 싶지만 쉽지 않다. 우리나라 정부는 1년에 총 200조 원 가량의 돈을 쓴다. 너무 큰 단위여서 감이 안 오는가? 내가 매월 100만 원씩 써도 1,666만 년 이상 걸린다고 생각하면 이해가 빠를 것이다. 하나씩 꼼꼼하게 살펴보자.

[표3-1] 2009년도 세출 현황

세출구분별 분류	금액 (억 원)	구성비 (%)	2009~2012년 변화
일반공공행정	418,151	20.9	·국회의 운영 및 선거에 필요한 비용이나 공무원의 급여, 각종 정부의 조직과 시설의 운영, 지방 정부 지원. ·전체의 4분의 3 이상을 지방 정부를 지원하는 데 사용.
교육비	366,558	18.3	·전체의 85% 이상을 초등학교의 의무교육과 유치원 및 중·고등학교 교육에 사용. ·나머지는 국립대학, 평생교육 및 직업교육 등에 사용.
국방(방위비)	291,396	14.6	·군대 유지, 군사장비와 시설 마련
사회복지	228,671	11.4	·기초생활수급자와 한부모 가정을 지원, 국가유공자를 위한 보훈비 지원에 전체 사회복지비의 절반 정도를 사용. ·고령 인구의 증가로 노인을 위한 사회복지비가 빠른 속도로 증가함. ·2012년의 복지예산은 노인 1인당 약 75만 원, 장애인 1인당 약 41만 원, 6~19세 아동 1인당 약 2만 원 정도 책정되어 있음.
수송 및 교통	192,367	9.6	·도로, 철도, 공항, 항구 등을 건설, 보수.
공공질서 및 안전	112,401	5.6	·법원, 검찰, 경찰을 운영하는 데 사용. ·전체의 절반가량을 경찰 유지에 사용.

국토 및 지역개발	87,777	4.4	·수자원 관리 및 지역과 도시 개발에 사용. ·2010년의 경우 2007년의 두 배 이상 증가.
산업 · 중소기업	83,157	4.2	·산업 발전과 에너지자원 개발에 전체 예산의 75% 정도를 사용함.
농림 해양수산	64,403	3.2	·농촌, 산촌, 어촌을 위해 사용.
보건	53,701	2.7	·공무원과 군인의 의료보험료 납부(근로자인 경우 의료보험을 본인이 절반, 고용주가 절반 납부함. 국가가 고용주인 공무원 및 군인은 국가에서 의료보험료의 절반을 납부함). ·노인장기보험 예상 수입의 20%를 지원함.
환경보호	29,280	1.5	·전체의 40%를 상하수도를 관리하고 물을 깨끗하게 관리하는 데 사용.
과학기술	30,536	1.5	·과학 기술 연구를 지원.
통일 · 외교	15,684	0.8	·전체의 10분의 1은 통일 관련 사업에 사용. ·외교관을 파견, 통상에 사용.
문화 및 관광	15,879	0.8	·문화, 예술, 관광, 체육 관련 분야에 지원. ·문화재의 관리에 사용.
통신	5,459	0.3	·90% 이상이 우체국 운영에 사용.

〈출처: 국세청〉

이 표는 2009년의 세출 구분 항목들을 비중이 높은 순서대로 정리한 것이다. 이를 통해 우리나라는 교육, 사회복지와 보건에 전체 예산의 32.4%를 사용하고 있고, 수송 및 교통, 국토 및 지역개발, 산업과 중소기업, 농림해양수산 등 사회간접자본 및 경제 분야에 전체 예산의 21.4%를 사용하고 있음을 알 수 있다. 하지만 이 지출 비중은 고정된 값이 아니다. 정부는 우리나라의 사회·경제적 상황에 따라 매년 새로 예산을 계획하기 때문이다. 그러나 바꾼다고 해도 지출하고 있는 항목들 가운데 전혀 필요 없는 곳은 없기 때문에 변화의 폭이 극단적으로 크지는 않다. 물론 변동 폭이 크

사회적 감수성을 키우는 시민 교과서

지 않다고는 하지만 예산의 규모가 크기 때문에 결코 적은 금액은 아니다.

[표3-2]는 2007년과 2009년의 세출 항목 가운데 증감이 있는 항목 중 일부를 나타낸 것이다. 정부는 매년 중요하고 시급한 부문의 지출은 늘리고, 상대적으로 덜 중요한 부문은 줄여 가면서 조정을 하기 때문에 세출을 참고하면 그 해에 정부가 어떤 측면에 중점을 두고 국정운영을 했는지를 짐작해 볼 수 있다.

[표3-2] 2007년과 2009년도 세출 비교

세출구분별	2007 금액(억 원)	2007 구성비(%)	2009 금액(억 원)	2009 구성비(%)	구성비의 증감
공공질서 및 안전	104,227	6.8	112,401	5.6	-1.2
통일·외교	17,565	1.1	15,684	0.8	-0.3
국방(방위비)	240,178	15.6	291,396	14.6	-1.0
교육비	303,951	19.7	366,558	18.3	-1.4
사회복지	153,506	9.9	228,671	11.4	+1.5
보건	35,552	2.3	53,701	2.7	+0.4
산업·중소기업	33,534	2.2	83,157	4.2	+2.0
수송 및 교통	143,847	9.3	192,367	9.6	+0.3
국토 및 지역개발	43,136	2.8	87,777	4.4	+1.6
세출(총액)	1,543,308	100.0	1,998,760	100.0	
세출입차	168,413	-	-5,515	-	

〈출처: 통계청〉

[표3-2]를 통해 2007년과 2009년의 세출에서 지출금액을 보면 통일·외교 부문을 제외하고 대부분 항목의 지출금액이 늘어났다는 것을 알 수 있다. 이는 세출 총액 자체가 29%가량(약 45조

원) 증가했기 때문이다. 따라서 2009년에 정부가 어떤 사업의 비중을 줄이고 늘렸는지를 알아보려면, 정부의 총지출 비율 증감을 살펴봐야 한다. [표3-2]를 살펴보면 사회복지와 보건 분야 등의 사회복지 지출의 비중과 산업 및 국토개발 등 경제와 관련한 지출 비중이 늘어난 반면, 공공질서 및 안전, 교육비 등의 항목에서 지출 구성비가 줄어들었음을 알 수 있다.

복지예산과 안정된 미래

[그림3-2] 복지예산 및 증가율 추이

[그림3-2]의 그래프는 앞서 살펴본 세출 구분 자료들 가운데, 교육·사회복지·보건 등 복지와 관련된 예산의 총체적인 변화를 보여 준다. 이를 통해 알 수 있는 것은 꾸준히 복지예산이 증가하고 있다는 점이다.

사회적 감수성을 키우는 시민 교과서

이 때문에 일부에서는 복지비 증가로 인해 국가재정에 부담이 커져서 세금이 많아지고 또 국가의 빚도 늘어난다는 비판을 하기도 한다. 또 복지가 확대되면 막연히 국가에서 모든 것을 공짜로 해 주기를 바라는 사람들이 많아져서 문제가 된다는 주장을 하는 사람들도 있다. 그런데 정말 우리나라의 복지예산이 문제가 될 정도로 지나친 걸까?

[그림3-3]의 그래프는 주요 OECD 국가들이 1인당 국민소득 2만 달러인 시점에 어느 정도의 복지비를 지출하고 있는지를 보여 주고 있다. 사실 부유한 국가는 예산이 넉넉한 만큼 복지 지출도 많이 할 수 있겠지만 가난한 국가에서는 쉽지 않은 일이다. 따라서 비슷한 경제수준일 때 어느 정도 복지에 지출하고 있는지를 비교해 보는 것은 의미가 있다.

[그림3-3] 소득 2만 달러일 때 GDP 대비 공공사회 복지지출 비중

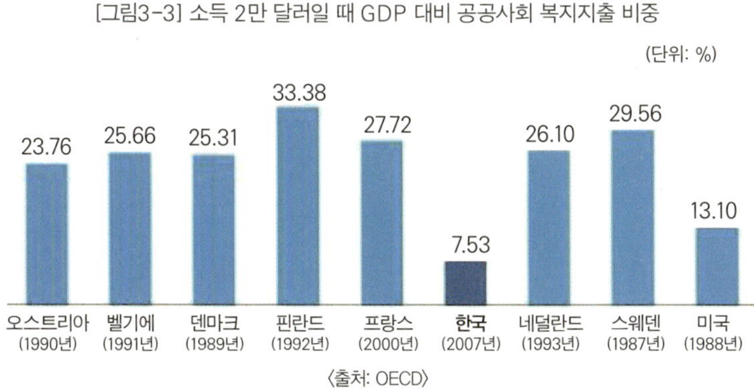

〈출처: OECD〉

제3장 세금, 어디에 어떻게 써야 할까

핀란드는 1992년에 우리나라는 2007년에 국민소득 2만 달러를 달성했다. 국민소득이 유사했던 시기에 핀란드는 공공사회 복지지출에 국내총생산의 33.38%를 지출했지만 우리나라는 고작 7.53%밖에 지출하지 않았다. 1998년에 2만 달러를 달성하였으며 유럽 국가들에 비해 가장 낮은 수준의 복지 지출을 하는 미국과 비교해도 절반이 조금 넘는 수준에 불과하다.

그 결과 2010년 기획재정부에서 발표한 「국가경쟁력 보고서」에 따르면 우리나라의 사회복지지출 비중은 OECD 30개 국가 가운데 29위에 그쳤다. 여전히 복지는 매우 부족한 수준이며 당연히 거의 모든 분야에서 복지가 빈약하다.

무엇보다 노인빈곤율이 참담한 수준이다. 사실 장애인이나 아동을 위한 예산보다 노인을 위해 지출되는 예산이 훨씬 더 많다. 그러나 아동가족복지 예산 자체가 OECD 국가 중 꼴등(GDP의 0.458%. 2007년 보건사회연구원 통계)이라 노인복지예산이 그보다 많다고 해도 절대적으로 적은 수준다. 그래서 노인빈곤율이 45.1%에 달한다.

> **＊GDP(국내총생산)**
> 1년 동안 국내에서 새로 생산된 모든 재화 및 서비스의 시장가치.
> 외국인이든 우리나라 사람이든 국적에 상관없이 우리나라 국경 내에 이루어진 생산활동을 모두 포함한다. 이는 한 국가에서 생산에 종사한 사람들이 벌어들인 소득의 총합과 같다.

사회적 감수성을 키우는 시민 교과서

OECD에서 가장 빈곤한 노인이 많은 나라가 바로 우리나라다. 우리나라보다 국민소득이 1만 달러 이상 적은 멕시코(2009년 현재, 우리나라 국민소득 1만 7,000달러, 멕시코 7,000달러 수준)의 노인 빈곤율도 22.72%에 지나지 않음을 생각해 보면 이 문제가 얼마나 심각한 수준인지 알 수 있다.

삼성경제연구소가 발표한 '고령화시대의 노인 1인 가구' 보고서를 보면 2010년 말 한국의 노인 1인 가구 빈곤율은 76.6%로 한국 전체 빈곤율(14.5%)의 5배를 웃돌았다. 스웨덴(13.0%), 독일(15.0%), 프랑스(16.2%)보다는 5~6배 높았고 한국보다 고령화 속도가 빠른 일본(47.7%)과 비교해서도 훨씬 높았다.

노인 인구의 소득불평등도 OECD 회원국 가운데 세 번째로 높다. 우리나라의 65세 이상 세후(稅後) 지니계수는 0.409로 한국보다 높은 나라는 멕시코(0.524)와 칠레(0.474)뿐이다. 0~1인 지니계수는 1에 가까울수록 소득불평등도가 크다는 뜻이다. 노인 인구의 경제활동 참가율은 다른 회원국에 비해 높은 편이지만 역시 국민연금 등 노후소득 보장체계가 선진국보다 덜 갖춰진 탓이다.

더욱 심각한 문제는 우리나라가 2050년에는 세계에서 고령인구의 비율이 가장 높아질 국가라는 점이다. 한국의 65세 이상 노

인 비중은 1980년 3.8%였으나 2050년에는 10배인 38.2%로 급
증할 것으로 보인다.

보건복지부가 기초노령연금 수급 대상자를 현행 소득 하위
70%에서 2030년 53~54%까지 축소하겠다는 방침을 내놓은 것
도 이 때문이다. 하지만 한국 노인빈곤율이 45%를 넘어 '실버 푸
어(silver poor)'라는 말까지 나오는 상황에서 이런 정책을 펼친다
면 앞으로 노인빈곤율은 더욱 높아질 것이다.

또한 젊은 세대의 고통도 심해지고 있다. 가장 큰 원인은 너무나
비싼 대학등록금이다. OECD 국가별 대학등록금 추정치에 따르
면 현재 한국의 대학등록금 수준은 미국에 이어 세계 2위(구매력
환산액 기준)다. 그럼에도 불구하고 고등교육에 투입되는 정부예산
은 23%(OECD 평균 77%)에 불과하다. 그 결과 교육비는 온전히
개인이 책임지고 있고 최근 5년간 대학등록금을 위한 대출은 꾸
준히 증가하고 있다. 더욱 심각한 문제는 대학 졸업자 가운데 안정
적인 일자리인 정규직에 취업하는 학생은 고작 48%에 지나지 않
는다는 사실이다. 사회에 진출하자마자 신용불량자로 전락하는 학
생들마저 쉽게 찾아볼 수 있다.

한국장학재단에 따르면 2010년에 대학학자금을 대출한 인원

사회적 감수성을 키우는 시민 교과서

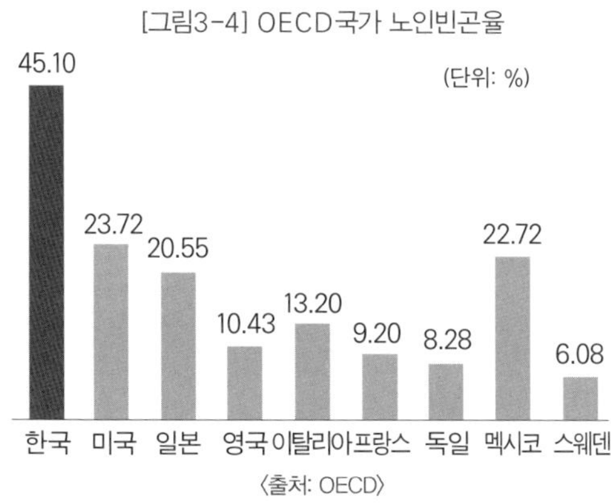

[그림3-4] OECD국가 노인빈곤율

〈출처: OECD〉

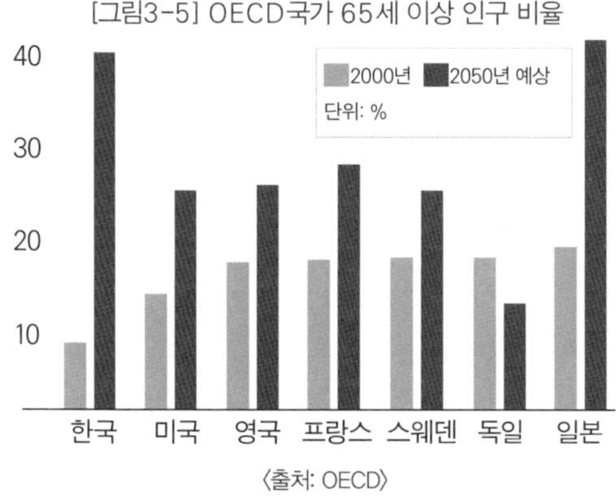

[그림3-5] OECD국가 65세 이상 인구 비율

〈출처: OECD〉

은 112만 명이 넘는다. 이 중 6만 명은 대출금을 제때 갚지 못하고 있다. 2010년 기준으로 전국대학의 학부생 수가 222만 명 정도인 것을 감안하면 대학생 중 절반이 빚을 내서 등록금을 충당하고 있다는 뜻이다. 이들이 직업을 갖고 사회에 진출하자마자 등록금 원금과 이자를 갚고, 돈을 모아서 살 집을 마련하고 결혼을 하고 아기를 낳으려면 몇 년의 시간이 필요할까? 그나마 취업을 아예 하지 못한 30%가량의 학생들은 어떻게 될까?

우리나라가 세계에서 가장 낮은 수준의 출생률을 기록하고 있는 이유 중 하나가 바로 과도한 교육비라고 할 수 있다. 북유럽 복지국가들처럼 아동가족복지가 잘 되어 있어서 낳기만 하면 국가와 사회가 함께 길러 주는 환경도 아니다. 그렇다고 부모가 될 젊은 층의 삶이 안정된 것도 아니다. 이런 상황에서 어떻게 출생률이 높아지겠는가?

OECD 최저 수준의 아동가족 복지지출과 고등교육비 정부지출, 세계 최고 수준의 대학등록금, 낮은 출생률, 세계에서 가장 빠른 속도의 고령화……. 이는 우리나라가 미래의 성장 잠재력을 가지지 못함을 보여 준다. 사실 이미 우리나라의 핵심생산가능인구(25세~49세)는 줄어들기 시작했다.

[그림3-6] 최근 5년 학자금 대출 추이]

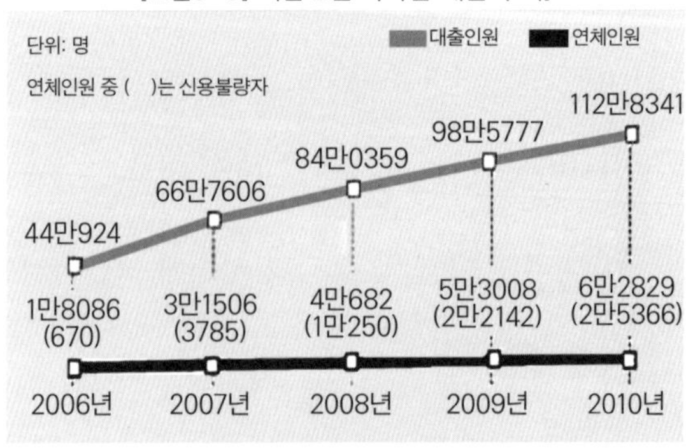

〈출처: 민주당 박주선 의원실〉

사회적 감수성을 키우는 시민 교과서

자, 이제 이 암울한 미래를 어떻게 대비할 것인가? 물론 해결책이 전혀 없는 것은 아니다. 그 해결의 핵심이 바로 복지다. 문제는 복지 지출을 늘리기 위해 필요한 자금을 어떻게 조달할 것인가 하는 점이다.

경제사업 예산을 줄여 보자

우리나라는 경제 분야의 지출(농림해양수산, 산업 및 중소기업, 수송 및 교통, 통신, 국토 및 지역개발 등) 비중이 높은 나라다. 지출 분야가 여러 개로 나눠져 있어서 적은 것처럼 보이지만 이들을 모두 경제 분야의 지출로 묶으면 결코 적지 않다. 사회공공연구소의 오건호 실장에 따르면 우리나라의 경우 총예산에서 경제사업이 차지하는 비중이 21.3%로, OECD 회원국 평균치(10.3%)의 두 배에 이른다.

개발도상국들의 경우에는 사회기반시설을 만드는 데 예산지출을 많이 하는 것이 당연하다. 경제를 개발하기 위해 필요한 기초적인 설비가 아무것도 없는 상태에서는 도로를 만들고 산업단지를 조성하고 기업의 활동을 돕는 여러 가지 사업들을 정부가 주도해서 시행해야 하기 때문이다. 따라서 우리나라도 과거에는 전체 예산 가운데 많은 부분을 경제 분야에 지출했다. 덕분에 눈부신 경제성장을 이뤄 냈다. 그러나 지금처럼 어느 정도 산업화가 다 이루어지고 난 이후에는 자연스럽게 경제 분야의 지출을 줄이고 대신 복지 분야의 지출을 늘리는 것이 필요하고 세계적인 추세이기도 하다.

일례로, 대표적인 사회간접자본인 도로건설에 대하여 생각해 보자. 우리나라 경제성장 신화의 첫 장면은 경부고속도로 건설이다. 한 나라의 도로는 인간의 혈관과도 같다. 도로가 제대로 정비되어 있지 않으면, 외국에서 들여온 원자재를 운반할 수도 없고, 공장에서 만들어진 물건들을 필요한 곳으로 옮길 수도 없기 때문이다. 따라서 경제성장 초기에는 전국 곳곳을 이어 줄 도로를 건설하느라 많은 예산을 투자했다. 그리고 이제 우리나라는 반나절 안에 갈 수 없는 곳이 없을 만큼 많은 도로와 철도를 가지게 되었다. 그럼에도 불구하고 여전히 많은 곳에서 도로를 건설하고 있다.

[표3-3]은 2007년 이후에 새로 만들어진 고속도로와 그 속도로를 이용한 차량 숫자를 조사한 것이다. 새로 만들어진 도로의 경우 엄청난 사업비를 들여서 만들었음에도 불구하고 통행량은 결코 많지 않다. 이미 기존의 도로로 통행이 가능하기 때문에 새

사회적 감수성을 키우는 시민 교과서

[표3-3] 2007년 이후 개통된 고속도로 교통량(대·하루 평균 운행 대수)

고속도로	예측량	실제 이용량	이용률	사업비(원)
익산-장수	5만 452	8,714	17%	1조 3,077억
현풍-김천	4만 184	1만 5,642	39%	1조 471억
안성-음성	3만 9,855	1만 6,492	41%	6,109억
고창-장성	2만 8,328	1만 2,408	44%	3,600억
공주-서천	2만 699	9,050	44%	9,612억
대전-당진	3만 8,553	1만 7,926	47%	1조 7,376
청원-상주	4만 3,979	2만 979	48%	1조 4,148억
무안-광주	3만 2,020	1만 6,145	50%	6,117억
계	29만 4,070	11만 7,358	41.3%	8조 510억

<출처: 선대인, 『프리라이더』, 더팩트, 2010년>

로운 도로를 건설할 필요가 별로 없었다는 반증이기도 하다.

이런 상황에서도 정부는 사회기반시설 건설에 예산을 오히려 늘려 논란을 빚었다. 정부는 2012년 예산에 호남선 고속철도 등 교통망 사업에 2조 7,414억 원(33.9% 증가), 평창동계올림픽 지원 사업에 5,686억 원(16.8% 증가)을 각각 배정했고, 사실상 4대강 후속 예산인 '수질개선 인프라' 예산도 1조 3,970억 원으로 올해보다 1,601억 원(12.9%) 증가한 것으로 나타났기 때문이다.

충분한 세금, 폭넓은 복지

우리 사회의 공공문제들을 해결하는 데 필수적인 복지의 확대를 위해서는 경제 분야의 지출을 줄여 세출 구조를 개혁해 불필

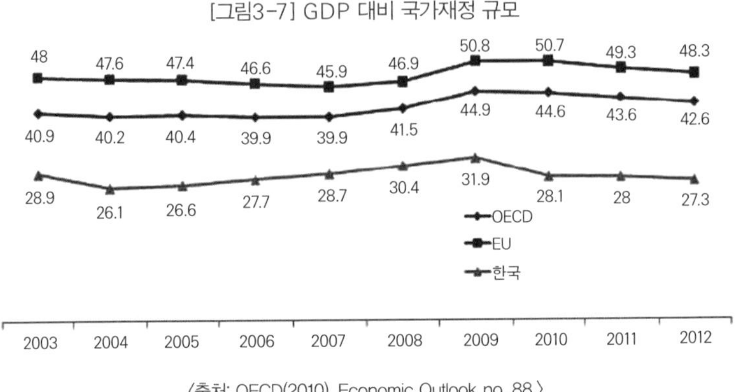

〈출처: OECD(2010), Economic Outlook no. 88.〉

요한 예산 낭비를 막아야 한다. 그러나 그것만으로는 부족하다. 충분한 복지를 위해서는 경제 분야 지출의 축소로 마련된 재원보다 더 많은 돈이 필요하기 때문이다.

[그림3-7]의 그래프를 살펴보면, 2011년 한국의 국가재정 규모는 GDP 대비 28%로 OECD 평균인 43.6%에 비해 무려 15.6% 작다. 대략 우리나라의 GDP를 약 1,000조 원으로 보면 다른 회원국에 비해 무려 150조 원이 부족하다.

우리나라의 2011년 복지 지출은 전체 GDP의 9% 정도인데 이는 OECD 평균 19%에 비해 절반에도 미치지 못하는 수준이다. 복지 지출을 늘리기 위해서는 약 100조 원의 추가적인 재원이 필요하다. 100조 원을 충당하기 위해서는 전체 재정의 규모를 키워야

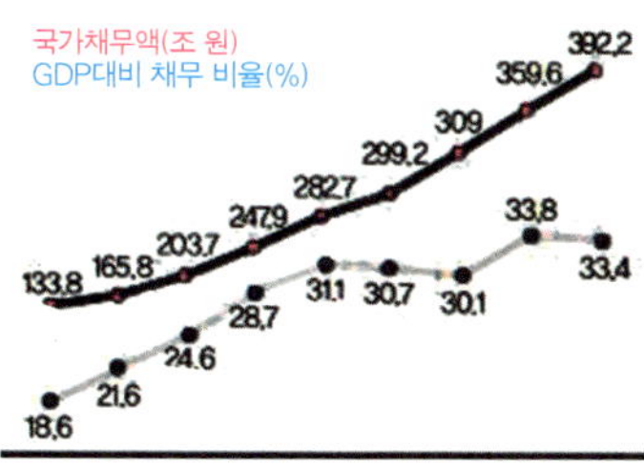

〈출처: 기획재정부 누리집〉

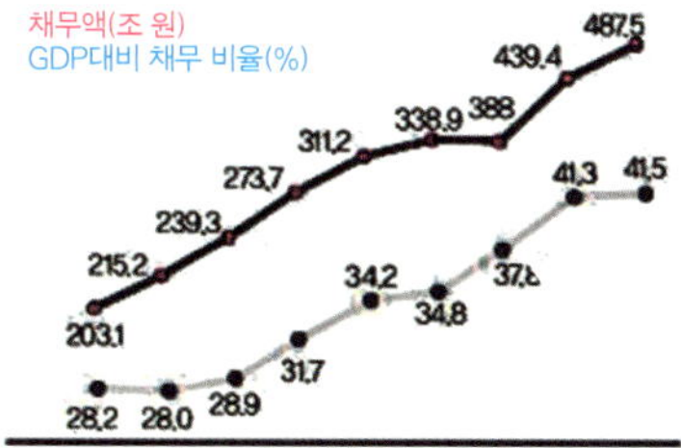

〈출처: 한국은행 경제통계시스템(ecos.bok.co.kr)〉

만 한다는 말이다. 그럼에도 불구하고 2007년에 21%로 올라갔던 조세부담률은 2011년에 19.3%로 오히려 낮아졌다.

그런데 우리는 앞에서 2007년보다 2009년에 세출이 증가했음을 확인했다. 조세부담률이 낮아졌는데 어떻게 세출이 늘어났을까? 비결은 간단하다. 빚을 내면 된다.

[그림3-8]의 그래프는 우리나라 정부의 빚 그리고 [그림3-9]의 그래프는 정부에서 운영하는 공기업이 지고 있는 빚이 얼마나 되는지를 나타내고 있다. 2010년 현재 우리나라 정부가 지고 있는 빚은 392조 원이 넘는다. 1년 동안 온 국민이 생산한 재화와 서비스의 가격을 모두 더한 금액인 GDP의 33.4%에 해당하는 엄청난 금액이다. 여기에 공기업의 빚 487조 원을 더하면, 전체 부채 규모

제3장 세금, 어디에 어떻게 써야 할까

는 GDP의 74.9%인 879조 원에 이른다. 게다가 이 부채는 매년 증가하고 있다는 점에서 심각한 문제라고 할 수 있다.

그러므로 삶의 질을 위한 복지 분야의 지출이 확대되기를 바란다면 세금을 더 많이 걷을 수밖에 없다. 이때 사람들에게 세금을 더 내라고 설득하기 위해서는 몇 가지 전제 조건이 필요하다.

첫째, 세출 구조가 개혁되어야 한다. 세금으로 쓸모없는 도로를 만들고 있다면 누가 세금을 더 내고 싶겠는가? 정부는 불필요한 세출은 줄이고 꼭 필요한 부문의 지출을 늘려야 한다.

둘째, 조세정책이 공정해야 한다. 세금을 부과하는 방식과 징수하는 방식이 정당해야 한다. 사람들의 소득을 정확하게 파악하여 탈세를 하는 사람이 없도록 해야 한다. 또한 빈부격차를 늘리는 간접세보다는 직접세를 걷기 위한 노력을 해야 한다.

2009년 세출예산 비교하기

아래의 표는 2007년과 2009년의 세출 예산을 비교한 것이다. 자세히 살펴보자.

세출구분별	2007 금액 (억 원)	2007 구성비 (%)	2009 금액 (억 원)	2009 구성비 (%)
일반공공행정	330,744	21.4	418,151	20.9
공공질서 및 안전	104,227	6.8	112,401	5.6
통일 · 외교	17,565	1.1	15,684	0.8
국방(방위비)	240,178	15.6	291,396	14.6
교육비	303,951	19.7	366,558	18.3
문화 및 관광	12,855	0.8	15,879	0.8
환경보호	17,770	1.2	29,280	1.5
사회복지	153,506	9.9	228,671	11.4
보건	35,552	2.3	53,701	2.7
농림해양수산	72,945	4.7	64,403	3.2
산업 · 중소기업	33,534	2.2	83,157	4.2
수송 및 교통	143,847	9.3	192,367	9.6
통신	7,792	0.5	5,459	0.3
국토 및 지역개발	43,136	2.8	87,777	4.4
과학기술	22,165	1.4	30,536	1.5
예비비	3,542	0.2	3,340	0.2
세출 (총액)	1,543,308	100.0	1,998,760	100.0
세출입차 (세입－세출)	168,413	－	－5,515	－

〈출처: 통계청〉

1) 2007년에 비해 세출에서 차지하는 비중이 증가한 항목과 감소한 항목 중 변동폭이 큰 부문을 5개씩만 찾아보자.

증가한 세출 항목	감소한 세출 항목

2) 2007년에 비해 2009년도에 세출 항목의 구성비가 증가한 원인은 어디에 있을까 생각해 보자. 복지비는 왜 늘어났을까? 또 산업 및 중소기업, 국토 및 지역개발비는 왜 늘어났을까?

세금 때문에
내가 무슨 죄냐.
믿어여!
아버지!
쪽깍!
어디
솜씨 한번 볼까?
우씨~
이럴 줄 알았으면
그냥 경례 하고 말걸…
일이 커졌어.
모자를 나라고
생각하고
경례하도록!!
영주
나…
떨고있나?

내 맘대로 세금 – 왕이 지배하던 시대의 기억

세월이 흐름에 따라 부족 중에서도 힘이 센 부족이 여러 부족을 거느리면서 하나의 나라를 만들게 되었다. 우리의 역사인 고구려, 백제, 신라, 고려, 조선시대의 왕들이 이런 나라들을 다스리게 되었는데, 이를 왕권국가라고 한다. 왕권국가의 사회에서 나라의 주인은 누구였을까? 나라의 주인은 바로 왕이었다. 강한 힘을 가진 자가 나라를 세워 왕이 되어 절대적인 권력을 가지고 다스리다가 후손에게 왕위를 물려주고, 나라를 다스릴 능력이 없는 후손이 왕이 되어 힘이 약해지면 또 다른 강한 힘을 가진 자가 나타나 그 왕조를 무너뜨리고 다시 나라를 세워 왕이 되는 시대였다.

내 맘대로 세금을 매긴다!

왕은 왕권을 튼튼히 하고 외침을 막기 위해 군대를 양성하고, 백성을 다스리기 위해 포도청(요즘의 경찰서)을 운영했다. 군대 양성과 포도청 운영에는 막대한 경비가 들어갔으며, 그 경비는 주로 소득이 적은 일반 백성들에게 일방적으로 거둬 사용했다. 하지만 세금을 거두는 방법이나 액수를 국민의 의사와 관계없이 왕이 일방적으로 정하는 경우가 대부분이었다. 그런 이유로 백성의 처지나 부담 능력을 감안하지 않고 일

▲ 마리 앙투아네트
"빵이 없으면 케이크를 먹으면 되잖아."

방적으로 거둬들여 백성의 원망을 사는 일이 많았다. 나라 살림을 위해 거둬지고 쓰여야 할 세금이 국민들을 괴롭히는 존재가 되었던 것이다. '세금은 곧 혈세'라는 부정적인 인식이 뿌리박히게 된 것도 바로 이 때문이다. 이렇듯 왕의 권력이 국민에 의해서 통제되지 않고 국민을 위해서 사용되지 않는다면 세금은 언제나 국민의 행복과 권리를 잡아먹는 괴물이 될 수 있다.

빌헬름 텔과 세금

아들의 머리 위에 놓인 사과를 활로 쏘아 맞혀서 유명해진 빌헬름 텔 이야기를 모두 알고 있을 것이다. 그 이야기가 세금과 관련이 있다는 것을 알고 있는가? 이야기를 다시 한 번 읽어 보자.

> 스위스 알프스 어느 골짜기 마을, 광장 한가운데 높은 나무 막대기 하나가 우뚝 서 있고 그 위에는 멋지게 꽂힌 모자가 얹혀 있었다.
> 나무 막대기 앞 안내판에는 '성주 헤르만 게슬러님의 모자이니 광장을 지날 때는 경례를 하고 지나갈 것'이라고 쓰여 있었다.
> 빌헬름 텔이 그 앞을 무심코 지나가자 그는 성주의 모자에 경례를 하지 않았다는 이유로 감옥에 갇혔다.
> 마을 사람들이 빌헬름 텔에게 어린 아들이 있다며 선처를 부탁하자, 성주는 빌헬름 텔의 활솜씨가 대단하다는 소문을 듣고 한 가지 제안을 했다.
> 아들의 머리 위에 사과를 올려놓고 활로 쏘아 맞히면 풀어 주겠다는 것이었다.

사회적 감수성을 키우는 시민 교과서

활을 잘 쏘는 그였지만 주저할 수밖에 없었다. 주저하는 아버지에게 아들은 "난 아버지를 믿어요!"라고 말하고 나무쪽으로 걸어갔다. 몇 번인가를 망설인 후 빌헬름은 활을 당겨 정확히 사과의 한가운데에 명중시켰다.

 빌헬름 텔이 아들 머리 위의 사과를 향해 쏜 화살 외에 하나의 화살을 더 갖고 있었던 것을 이상하게 여긴 성주가 화살 하나를 더 준비한 이유를 물었다. 빌헬름 텔은 만약 실패하여 아들을 쏘게 되면 나머지 한 발로 당신을 쏘려 했다고 답했다.

아버지가 아들의 머리 위에 올려놓은 사과를 명중시켜야 하는 비정한 상황을 보여 주고 있는 이 장면은 유명하다. 그러나 배경을 아는 사람은 많지 않다. 사건의 발단은 13세기 독일의 왕이자 신성로마황제로 등극한 루돌프가 알프스 골짜기까지 파견한 조세 징수원들이다. 빌헬름 텔이 모자에 경례를 하지 않은 것은 바로 과도한 세금을 부과하여 사람들을 고통스럽게 만드는 권력자에게 복종하지 않겠다는 의미였다. 과거, 통제받지 않은 권력자들에게 세금은 하층계급을 착취하는 수단이었고, 이것이 오늘날까지 많은 사람들이 세금에 대해 부정적인 생각을 갖게 하는 근원이라고 할 수 있다.

참고로 이 이야기의 시대적 배경은 사실이지만 아들의 머리 위에 놓인 사과를 쏘아 맞혔다는 부분은 허구다. 빌헬름 텔이라는 인물을 처음 만들어 낸 사람은 스위스의 작가이자 정치가인 에기디우스 추디이며, 프리드리히 실러가 추디의 소설에 착안하여 희곡을 쓰고 내용을 더 꾸몄다. 로시니는 실러의 희곡을 바탕으로 오페라 〈빌헬름 텔〉을 작곡했

역사 속 세금 이야기 ③

다. 빌헬름 텔이 아들의 머리 위에 있는 사과를 쏘아 맞히는 장면은 추디의 아이디어다. 비록 이 일화는 만들어진 것이지만 당시 지배 권력의 폭력성과 그로 인한 사람들의 고통이 어떠했는가를 생생하게 고발하고 있다.

사회적 감수성을 키우는 시민 교과서

삶의 질과
사회안전망

다니던 직장에서 해고당하면 우리 가족은 누가 먹여 살릴까? 만약 일을 하다가 다치거나 사고를 당하면 어떻게 하지?
대출 받아 전세비용을 마련했는데, 집주인이 많이 올려 달라고 하면 어쩌나?
가족 중 누군가가 큰 병에 걸리면 병원비가 많이 들 텐데…
아이들 학원비로 지출을 많이 하고 있어서 저축은 엄두도 못내는데 몇 년 후 대학에 가면 등록금을 어떻게 내지?
소득 중 30% 이상을 자녀 교육비와 주거비용에 쏟고 있는데 나의 노후는 어떻게 대비할까? 요새는 청년 실업도 문제라던데 아이가 대학 졸업하고도 직장을 못 가지면…

"모든 사람은 사회의 구성원으로서 사회보장을 받을 권리를 가진다."
-세계인권선언 22조

[그림4-1] 릭의 약지와 중지 수술비용

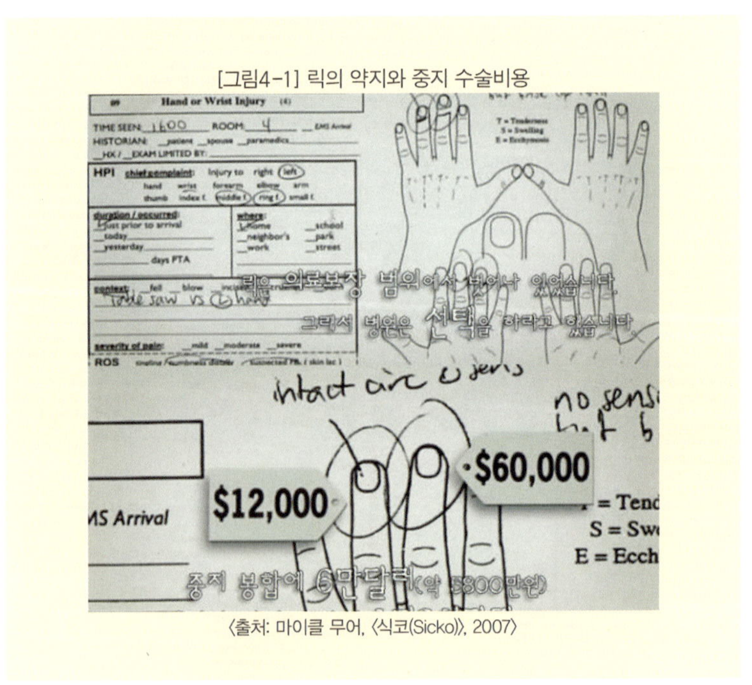

〈출처: 마이클 무어, 〈식코(Sicko)〉, 2007〉

릭은 나무를 절단하다 손가락 끝이 잘렸습니다. 릭은 보험에 가입되어 있었지만 보험사는 해당 상해가 보장 내용에 포함되어 있지 않다며 보장을 거부했습니다. 그래서 병원은 릭에게 선택을 하라고 했습니다. 중지 봉합수술은 6만 달러(약 5,800만 원), 약지 봉합수술은 1만 2,000달러(약 1,160만 원)가 듭니다. 릭은 결국 약지를 선택했습니다.

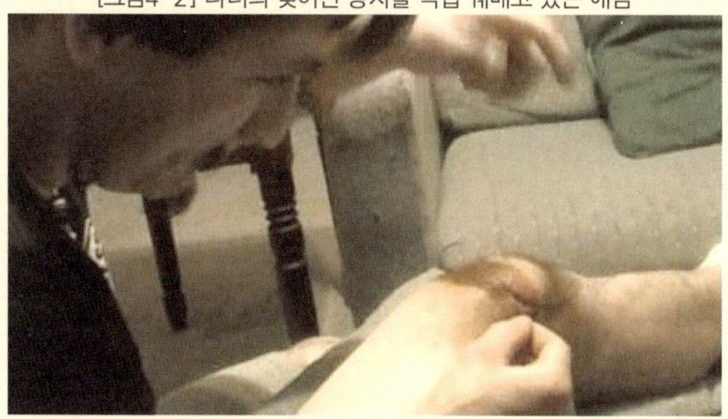
[그림4-2] 다리의 찢어진 상처를 직접 꿰매고 있는 애덤

〈출처: 마이클 무어, 〈식코(Sicko)〉, 2007〉

애덤은 왜 병원에 가서 치료받지 않고 직접 상처를 꿰매고 있을까요? 그는 미국에서 의료보험에 들지 못한 5,000만 명 중 한 명입니다. 애덤은 사고를 당했습니다. 그러나 병원을 찾는 대신 직접 찢어진 곳을 봉합합니다. 그는 더 이상 빚을 지고 싶지 않다고 말합니다.

[그림4-1]과 [그림4-2]는 영화 〈식코〉에 나오는 장면이다. 'sicko'는 속어로 '환자'를 뜻한다. 마이클 무어 감독은 이 영화에서 사람의 생명보다 이윤을 먼저 생각하는 미국식 자본주의의 참혹한 이면을 드러내며 미국 의료보험제도의 폐해를 고발하고 있다.

미국은 전 세계 산업국가 중 국민을 대상으로 한 공적의료보험 제도가 없는 유일한 나라다. 대신 '65세 이상의 노령자와 장애인을 대상으로 한 메디케어(Medicare)'와 '빈민층을 위한 메디케이드(Medicaid)'라는 공공의료보험제도가 있다. 이 두 의료보장 대상에 해당되지 않는 사람은 민간의료보험에 가입해야 한다. 여기에 가입할 경제적 능력이 되지 않으면 결국 병원비 전부를 본인이 부담해야 한다.

미국은 병원비가 무척 비싸기로 유명하다. 일단 병원에 가면 병원 사용료뿐만 아니라 의사에게 내는 진료비도 따로 있다. 일례로, 우리나라의 경우 출산비용이 30~40만 원 정도지만 미국에서는 병원비만 2,000만 원에 가깝다. 감기에 걸려서 병원에 가도 15만 원 정도가 나오므로 보험이 없으면 개인이 부담해야 하는 의료비가 어마어마하다.

의료보험 혜택을 받지 못하는 5,000만 명은 매일 밤 아프지 않게 해 달라고 기도하며 잠들 수밖에 없다. 그런데 의료보험에

> **＊민간의료보험**
> 민간의료보험은 일반인이 민간보험 회사가 판매하는 상품에 가입하여 질병에 걸릴 경우 보험금으로 진료비를 대납하는 제도이다. 미국에서 채택하여 시행하고 있으며 유럽 일부 국가에서도 공보험의 보조수단으로 시행한다. 미국의 경우, 메디케어와 메디케이드의 적용 대상자를 제외한 나머지 인구는 민간의료보험을 선택한다.

사회적 감수성을 키우는 시민 교과서

가입한 나머지 사람들도 행복하지 못하다. 민영보험회사에 가입한 2억 5,000만 명이 한 가구당 월 50~100만 원의 보험료를 내면서도 제대로 된 치료를 받지 못하고 죽거나 과다한 병원비 지출로 파산한다.

민간보험사들은 갖가지 이유를 들어 보험료 청구를 거부하고, 갖은 방법으로 보험혜택이 소비자에게 덜 돌아가도록 횡포를 부리고 있다. 보험가입자들은 응급처치, 중증질환의 수술, 약 처방 등을 받기 전에 보험사의 사전 승인을 얻어야 한다. 승인이 나지 않으면 환자들은 미국 내 어느 병원에서도 치료를 받을 수 없다.

미국이 공적건강보험제도를 갖추지 못한 데에는 몇 가지 이유가 있다. 우선 미국인들은 가난은 개인의 책임이라는 생각이 강하다. 의료보건은 철저히 개인 책임으로 스스로 처리해야 한다는 의식이 강하게 배어 있는 것이다. 또 다른 큰 이유는 민간보험사의 견제다. 미국 보험사들은 정치권에 압박을 가하며 공적건강보험 확대를 반대해 왔다.

영화 〈식코〉에서는 다른 나라의 의료보험제도를 소개하며 미국 의료보험의 대안을 찾아보려 노력한다. 그리고 모든 국민이 무료로 병원 치료를 받는 캐나다, 영국, 프랑스의 사례를 보여 준다. 또한 마이클 무어 감독은 9·11 테러 당시 구조활동 중에 부상을 입었으나 제대로 치료를 받지 못한 구조대원들을 모아 쿠바로 갔다. 그들은 무상의료가 실현되는 쿠바에서 우수한 의료서비스와 의료제도를 경험했다.

쿠바의 국민소득은 1인당 5,000달러, 미국의 1인당 국민소득은 8만 9,663달러다. 미국은 공적의료보험제도를 갖추지 못했고 세계에서 가장 많은 의료비를 지출하고 있는 반면 쿠바는 무상의료를 실현하고 있다. 쿠바에서 태어난 아이들은 미국에서 태어난 아이들보다 더 건강하고 더 오래 산다. 2008년 세계은행이 발표한 자료에 따르면, 쿠바에서는 만 1세가 되기 전에 죽는 아기들의 숫자가 1,000명 중 4.8명인데, 미국은 6.7명이다. 국민 전체의 평균수명도 미국보다 우월하다. 이는 무상의료의 힘이다.

우리의 삶은 왜 불안한가

아이가 태어난다. 부모의 보살핌을 받는다. 세월이 흐른 후 학교에서 교육을 받으며 성장한다. 성인이 되고 독립해서 자기 자신의 인생을 꾸려 간다. 그에겐 약 40년간의 노동 인생이 기다리고 있다. 시간이 지나면 아이의 아이들이 가정을 가지게 될 것이고,

사회적 감수성을 키우는 시민 교과서

60년이 지나면 그는 생산활동을 접고 노후를 맞이하게 된다.

인생의 큰 흐름은 비슷하지만 모든 사람이 건강한 것은 아니다. 또 누구나 운이 좋지도 않다. 인생의 여러 단계에서 강건과 병약의 사이를 지나면서 성장할 것이다. 어떤 사람은 태어날 때 장애를 갖고 태어날 수도 있고 부모를 잃을 수도 있다. 노동을 하다가 병에 걸릴 수도 있고 사고를 당할 수도 있다. 내일 무슨 일이 일어날지 어느 누구도 알지 못한다.

높은 곳에서 공중그네를 타는 사람이나 줄타기를 하는 사람에게 무대 밑의 안전망은 필수다. 안전망이 없다면 연기를 하다가 발생할지 모르는 실수나 사고로 인해 크게 다칠 수도 있고 다시는 연기를 못할 수도 있다. 그리고 안전망이 없다는 두려움 때문에 고난이도의 연기를 관객들에게 선사할 수 없을지도 모른다.

우리의 인생은 이 줄타기와 같다. 언제나 줄을 완벽하게 탈 수도 없고 언제나 아름다운 연기를 선보일 수도 없다. 가끔은 실수로 줄에서 떨어져 크게 다치기도 한다. 연기자가 줄 위에서 아름다운 연기를 선보이고 그것을 통해 행복을 찾을 수 있는 것은, 떨어지더라도 자신을 받쳐 주는 안전망이 있다는 것을 알고 있기 때문이다. 우리가 알 수 없는 미래를 향해 달려가면서도, 불안에 떨지 않고 평범한 일상을 무리 없이 영위하기 위해서는 안전망이 필요하다.

우리나라 경제는 세계에서 유래를 찾을 수 없을 정도로 빠르게 성장했다. 원조를 받던 세계 최빈국에서 이제는 선진국의 일원으로 다른 나라를 도울 수 있는 국가가 되었다. 세계 곳곳의 공항에서 우리나라 기업이 만든 TV를 볼 수 있고 한국산 자동차가 세계를 달린다. 그럼에도 국민들은 늘 불안에 시달린다. 삶은 선진국수준을 지향하며 모두들 치열한 경쟁 속에서 살고 있는데 이 삶의 줄타기에서 한 발이라도 잘못 내딛으면 다시는 일어설 수 없을지 모른다는 불안감이 팽배해 있다. 이 불안감은 바로 사회적 안전망이 확보되어 있지 않은 데서부터 시작된다.

사회안전망은 모든 국민을 실업, 빈곤, 재해, 노령, 질병 등의 사회적 위험으로부터 보호하기 위한 제도적 장치다. 사회복지는 세금으로 시작되고 세금으로 완성된다. 그러나 앞서도 말했듯이 우리는 아직도 세금에 대한 거부감이 크다. 극빈층에게만 최소한의 혜택을 주는 선별적 복지제도로 인해, 대부분의 중산층이 혜택은 받지 못한 채 세금만 내고 있다는 생각을 갖고 있기도 하다. 그런데 큰 굴곡 없이 평범한 일상을 이어 갔던 중산층의 삶도 무한 경

사회적 감수성을 키우는 시민 교과서

쟁과 다양한 변수에 부딪치며 불안과 공포 속에 놓이게 되었다. 선별적 복지 논리의 극복이 필요한 시점인 것이다.

모든 나라가 세계화의 흐름 속에서 변화를 겪고 있다고 해도 북유럽의 복지국가들은 모든 국민의 주거안정, 교육, 의료 및 노후 생활을 보장한다. 이는 국민들이 GDP 대비 55%의 세금을 내기에 가능한 일이다. 소득의 절반 이상을 세금으로 내지만 시민들은 세금에 대한 거부감이 없다. 세금을 낸 만큼 삶이 평화롭게 유지된다는 것을 체험하고 있기 때문이다.

평범한 방법으로 평범한 삶을 유지하기 힘든 대한민국

대한민국에서 성장하고 생활하고 일하고 나이가 드는 삶은 어떤 모습일까? 거주할 집 한 채를 사려면 10년 넘게 월급을 한 푼도 쓰지 않아야 가능하고, 자녀 공교육 학비 및 사교육비, 연간 1,000만 원이 훌쩍 넘는 대학등록금까지 마련해야 한다. 집과 자녀교육에 소득의 상당부분을 지출하다 보니 노후 대비는 불가능에 가깝다.

> **＊노동유연성**
> 노동유연성은 노동력 시장이 사회 및 경제의 변화에 맞추어 탄력적으로 변화하는 정도를 말한다. 노동력의 고용과 해고를 보다 자유롭게 할 수 있는 것을 노동유연성이 높다고 말한다.

더군다나 의료보장의 수준이 낮아서 가족 중 누구라도 병에 걸리면 막대한 지출로 가계에 치명적인 타격을 입힐 수 있다. 노동유연성이라는 미명 아래 언제 직장에서 해고될지 모르는 현실에서 수입은 늘 지출에 비해 턱없이 부족하다. 강남에 사는 억대 연봉을 받는 직장인마저 대출금 갚고 자녀교육비 대느라 삶이 피폐하다고 호소하는 사회다.

우리나라는 지금 교육을 받고 직장을 잡고 동반자를 만나서 결혼하고 자녀를 출산하고 키우는 지극히 평범한 라이프 사이클을 유지하는 것마저 어려운 시기를 겪고 있다. 이제 주변에서 서른이

넘도록 직장을 갖지 못한 사람을 쉽게 찾을 수 있고 어렵사리 직
장을 잡고 결혼을 해도 경제적 이유로 출산을 포기하는 사례가
빈번하다. 두 자녀 이상을 두고 사는 것은 그런대로 경제적·사회
적으로 안정된 경우라야 마음이라도 먹을 수 있다.

현재 수입으로는 평범한 삶을 유지하기 힘들기에 대부분 조금
이라도 빚을 갖고 있다. 금융계에서는 몇 억 이상을 모아야 안정된
노후가 가능하다는 광고를 내보내 공포를 조장하고, 많은 사람들
은 과도한 노동으로 벌어들인 수입으로 노후 대비 금융상품을 산
다. 경제 과목 교과서에서도 자산관리의 중요성을 역설하여 노후
에 대한 불안을 높인다. 그러나 과도한 경쟁사회에서 직장을 잡는
시기가 30대를 훌쩍 넘어선 데 반해 정년은 줄어들고 설상가상으
로 수명은 늘어나 일정한 수입 없이 오랜 시간을 살아야 하는 위
험에 놓인 우리에게 노후 대비 자산관리는 이미 이길 가능성이 희
박한 게임이다.

사회임금, 평범한 사람들의 평범한 행복을 실현하다

애초부터 이길 가능성이 없는 게임이라면 그 원인이 무엇일까?
우리 사회가 '사회임금', 즉 국가의 복지혜택이 매우 미미한 수준이

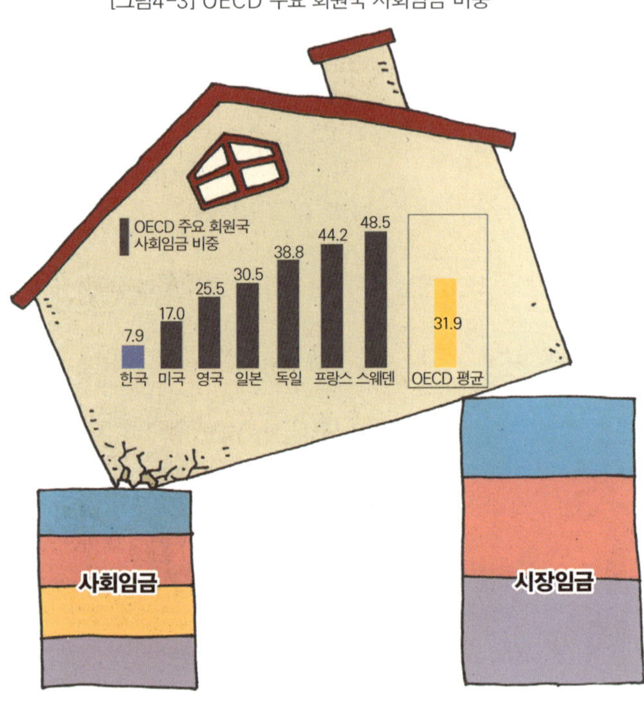

〈출처: 사회공공연구소, 2000년대 중반 기준〉

라 개인의 삶이 오로지 각자가 일을 해서 벌어들이는 수입, 즉 '시장임금'에만 의존하는 구조에서 만들어졌기 때문이다.

사회공공연구소에 따르면 2010년 우리나라의 가구당 평균 사회임금 비중은 약 15%다. 2000년 중반과 비교하면 최근 두 배 가까이 늘어난 것이지만, OECD 평균에 비교하면 '새 발의 피'다. 2000년대 중반 우리나라의 사회임금 비중은 8%가 채 안 되었지만 OECD 국가의 사회임금은 평균 31.9%였다. 사회임금의 부족

사회적 감수성을 키우는 시민 교과서

분은 모두 국민 개인이 떠안아야 한다. 노후, 질병 대비, 육아 비용 등을 각자 해결해야 한다.

우리나라는 세금을 적게 걷고 있으므로 GDP 대비 국가재정 크기 자체가 작은 데다가(한국: 28.1%, OECD 평균: 44.6%, 2010년 기준), 설상가상으로 복지 지출까지 지나치게 작아(한국: 9%, OECD 평균: 19%) 사회임금의 비중이 매우 낮다.

이 지독한 현실에서 평범한 개인이 이길 수 있는 유일한 방법은 이 게임의 룰을 변경하는 것이다. 개인적 자산관리를 통해 각자가 자신의 위험을 책임지는 룰을, 개인과 사회가 함께 대비하고 공동으로 책임지는 룰로 바꾸는 것이다. 연대를 통해 국가가 마련하는 사회적 안전망은 개인이 마련하는 대비책에 비해 훨씬 크고 견고해서 위험에 대비하는 능력이 훨씬 뛰어나고 나아가 사회를 보다 평등하고 건강하게 하며, 삶의 질을 향상시킬 수 있는 기반이 된다.

장하준 영국 케임브리지대 교수는 보편적 복지와 관련해 "국가는 국민에게 기본적인 교육·의료·주거·노후에 대한 보장을 해 주고 미래에 대한 불안을 해소할 뿐만 아니라 실업보험·재교육 지원 등을 통해 재기의 기회를 제공해야 한다."라고 주장했다.

우리나라 사회복지제도의 현실

사회보장 정책엔 사회보험과 공적부조가 있다. 사회보험은 건강보험, 국민연금, 고용보험, 산재보험, 노인장기요양보험처럼 소득이 있는 사람과 기업이 국가에 매달 조금씩 돈을 내고 필요할 때 되돌려 받는 것이다. 공적부조는 저소득층·사회적 약자층을 국가가 지원해 주는 기초생활보장제도, 장애인연금, 기초노령연금, 양육수당을 말한다.

내가 빈곤층이 된다면? – 기초생활보장제도

현대사회에 이르러 우리나라에서 국가 차원으로 빈곤층을 위해 마련한 공공부조는 생활보호제도다. 헌법에 규정된 생존권 보호 이념에 의거, 1961년 12월 30일 '생활보호법'이 제정·공포되었는데, 근로능력이 없는 계층을 대상으로 국가가 생계비를 지급하는 방식이다. 기본적으로 빈곤의 책임은 개인과 가족에게 있는 것으로 보고 국가는 시혜적·자선적 입장에서 빈곤층을 보호하는 제도를 명목적으로 운영한 것이다.

1997년 후반 경제위기를 겪으면서 빈곤층을 바라보는 입장과 그에 대한 정책 전환이 요구되었다. 과거 급속한 경제성장기에는

사회적 감수성을 키우는 시민 교과서

삶이 아닌 생계만 이어 가는 병주네 이야기

열한 살 병주는 엄마와 함께 산다. 병주네는 기초생활수급 대상이다. 아빠는 작게 시작한 치킨 가게의 운영이 어려워지자 매일 술을 마셨고 그것 때문에 엄마와 헤어졌다. 아빠와 따로 살지만 서류상으로는 한 가족이다. 엄마는 식당에서 일하거나 도우미 일을 하러 다니신다. 엄마는 오랫동안 육체노동을 해 온 탓에 만성근육통을 앓고 계신다. 예전과 달리 도우미 일을 자주 나가기가 힘들어졌다. 매달 70만 원이 조금 넘는 수급비가 병주네 가족의 주요 수입원이다. 병주네 가족은 임대아파트에 살고 있고 매달 6만 원 정도의 관리비를 낸다. 올 겨울은 더 춥다는데 난방비가 지난해보다 많이 나갈까 봐 엄마는 걱정이 많다.

병주는 여섯 살부터 일곱 살까지는 어린이집에 다녔는데 다달이 10만 원가량을 냈다. 지원이 없었다면 40만 원 정도를 냈어야 했지만, 병주 엄마에겐 그 10만 원조차 버거웠다. 여덟 살이 되자 초등학교에 입학했다. 학교 급식은 무료다. 작년까지는 해당 서류를 제출해야 했다. 병주는 다른 아이들과 달리 자신만 서류를 가지고 가서 무료로 급식을 먹는 것을 알고 어느 순간 창피해했다. 올해부터 무상급식이 되면서 그런 번거로운 일을 안 해도 된다는 사실에 병주도 엄마도 기뻐했다. 병주는 학교 수업이 끝나면 무료로 들을 수 있는 방과 후 수업으로 축구(화·목요일) 수업을 즐긴다. 학교가 파한 뒤 가는 지역 공부방에서 저녁도 공짜로 해결한다. 집에서 가족끼리 오순도순 모여 식사를 한 기억이 별로 없다. 식사 후에 과일을 먹어 본 지는 꽤나 오래되었다.

지난 4월 말 병주는 엄마에게 나무 리코더를 사 달라고 졸랐다. 엄마는 가슴이 조인다. 나무 리코더는 수입품이다. 가격이 1만 5,000원. 그 돈은 병주네 집이 기초생활수급비로 받는 70만 원의 2%에 해당한다.

국가는 기초생활수급자에게 의료 혜택을 제공하고 급식·보육료도 전액 능력과 의욕이 있으면 누구나 일자리를 얻을 수 있었다. 그러나 경제위기를 겪고 저성장 시기를 맞이하면서 실업자가 많아지고 누구나 빈곤층이 될 수 있다는 사실에 직면하게 되었다. 빈곤이 사회적 이슈로 등장하면서 1999년 9월 '국민기초생활보장제도'가 제정되어 2000년부터 시행되었다.

국민기초생활보장제도는 최저생계비 이하의 소득을 가진 빈곤층 가구에게 국가가 기초적인 생활을 보장하는 제도로 수급자에게 의복·음식물 및 연료비와 기타 일상생활에 기본적으로 필요한 금품을 지급하여 그 생계를 유지하게 하는 것으로, 매월 정기적으로 현금으로 지급하는 생계급여, 수급권자의 질병, 부상, 출산 등에 대한 진찰, 검사, 약제·치료재료의 지급, 처치 및 수술과 그 밖에 의료 목적의 달성을 위한 조치를 위해 제공되는 의료급여, 주택급여, 출산 시에 지급되는 해산급여, 수급자에게 입학금·수업료·학용품비 기타 수급품을 지원하며, 금전 또는 물품을 수급자 또는 수급자의 친권자나 후견인에게 지급하는 교육급여, 사망 시에 지급되는 장제급여를 제공한다. 이를 통해 기초적인 생활을 영위할 수 있도록 보장하는 것이다.

국민기초생활보장제도는 수급권자의 급여를 최저생계비 이상의 생활수준을 유지할 수준으로 정하고 있다. 이와 함께 근로능력이 있는 수급자에게는 직업훈련 등의 자활사업에 참여하는 것을 조건으로 수급하고 있어 공공부조와 함께 스스로 생활할 수 있는 능력을 갖추도록 돕고 있다.

그러나 실제로는 이마저도 받지 못하는 사람들이 광범위하게 존재한다. 수급자 선정 기준이 엄격해서, 실제 빈곤층이더라도 혜택을 받지 못하는 사람들이 매우 많다. 수급자가 되려면 소득이 거의 없거나 매우 낮아야 하고, 돈을 벌 수 없는 상황이더라도 기존에 가진 재산이 약간이라도 있으면 안 되며, 가족이나 가까운 친척도 없어야 한다. 실제 그 가족들이 나를 돌보지 않더라도 말이다. 이 모든 조건을 충족시키는 것은 쉬운 일이 아니다.

이렇게 어려운 조건을 모두 만족시켜 수급권자로 지정된다고 하더라도 최저생계비 수준 자체가 매우 낮게 책정되어 있어 수급받는 것만으로는 인간다운 삶을 유지할 수 없다.

가족 중에 누군가 아프다면? – 국민건강보험제도

사람은 살면서 누구나 병에 걸릴 수 있다. 질병이나 부상으로 인해 한꺼번에 고액의 진료비를 부담해야 할 상황이 되었을 때 한 가정이 파산에 이를 수도 있다. 이를 방지하기 위해 국민들은 평소에 보험료를 내고, 국민건강보험공단이 관리운영한다. 그리고 국민들이 의료서비스를 이용할 경우 보험급여를 제공함으로써 국민 상호간에 위험을 분담하게 하고 개인의 의료비 부담을 줄여 주는 사회보장제도가 국민건강보험제도다. 하나의 보험에 모든 국민과 의료기관이 포괄되어 있다. 부유한 사람은 더 많은 보험료를 내고 가난한 사람은 보험료를 덜 낸다. 국민과 기업, 정부가 분담해서 재정을 마련하고 모든 국민이 건강보험의 혜택을 공평하게 누린다.

1963년 의료보험법 제정으로 시작된 우리나라의 건강보험제도는 1997년 국민의료보험법, 1999년 국민건강보험법 제정 등을 거쳐 발전해 왔다. 공적건강보험제도가 100년 이상 된 다른 나라에 비해 역사는 짧지만 큰 성과를 보이고 있다. 효율성 면에서 탁월하

사회적 감수성을 키우는 시민 교과서

희귀병을 앓고 있는 한성민 씨 이야기

서울 영등포에 사는 한성민(37) 씨는 아홉 살 때 유전자 검사를 통해 '근이영양증' 확진을 받았다. '근이영양증'은 온몸의 근육세포가 괴사하는 근육 질환의 일종이다. 유전적 요인으로 알려져 있지만 정확한 발병 원인과 치료법은 아직 파악되지 않고 있다. 병의 진행을 최대한 늦추고 발생된 합병증에 대해 적절하게 치료하는 정도가 유일하게 할 수 있는 방법이다. 성민 씨는 천만다행으로 병의 진행이 더딘 편이다. 덕분에 휠체어를 타고 다니면서 전자계산학 석사학위까지 받았다. 현재는 한 인터넷 교육업체에 취직해 재택근무를 하고 있다. 그가 하는 일은 온몸이 꽁꽁 묶인 상태로 각도 조절 침대에서 웹사이트를 관리하는 것이다. 이제는 팔의 힘도 빠져 손가락 정도만 자신의 의지대로 움직일 수 있다. 그는 각도 조절 침대에 묶여 하루에 몇 시간 정도밖에 일하지 못한다.

우리 몸은 대부분 근육으로 이루어져 있다. 장기도 마찬가지다. 근이영양증은 심장·위장과 같은 장기에도 영향을 준다. 성민 씨도 현재 심장 합병증이 의심돼 심장 박출을 강하게 하는 약을 먹고 있다. 약값은 다행히 보험 대상이다. 하지만 정기적으로 받는 심장초음파와 자기공명촬영(MRI) 비용이 부담이다. 심장초음파는 25만 원, 자기공명촬영은 부위에 따라 50만~100만 원이 든다. 미리 발견하고 손을 쓰지 않으면 합병증이 번지기 때문에 정기적인 검사는 필수다. 하지만 보험 대상이 아니다.

성민 씨의 부모님은 아들을 보살피고 뒷바라지하느라 경제활동을 중단하신 상태고, 30평 아파트 한 채가 가진 것의 전부인 상태에서 검사비가 부담될 수밖에 없다. 정부에서 얼마 안 되는 약값을 지원하고 생색을 낼 게 아니라 환자들에게 필수적이지만 비싸서 살 엄두가 안 나는 각도 조절 침대 구입 등을 지원해야 한다. 성민 씨의 침대는 기증받은 것이다.

[출처: [낮은 목소리] 칼럼 〈한겨레신문〉, 2011년 9월 1일자]

여 가장 낮은 의료비를 지출하면서 건강 수준 개선 비율은 높다. 또 국민들의 의료에 대한 접근성도 크게 개선되었다.

그럼에도 국민들의 의료보험에 대한 불만이 크고 실제 소득에 따른 건강불평등 사례가 계속 보고되고 있다. 그 이유는 우리나라의 건강보험 보장성 수준이 2006년 현재 61.8%에 머물고 있기 때문이다. 선진국의 보장성 수준이 90% 이상인 것을 감안할 때 우리나라는 환자 본인이 부담하는 수준이 지나치게 높다. 이는 시행 초기 전 국민의 의료보험 가입을 위해 보험료를 적게 내고 혜택을 적게 받는 방식으로 설계되어 있기 때문이다. 결과적으로 큰 병에 걸렸을 때 환자가 부담하는 의료비가 커지고 빈곤층의 경우 심각한 타격을 받게 되어 있다.

> *건강보험 보장성
> 건강보험이 가입자에게 질병 등의 상황에서 지원하는 범위를 말한다.

이러한 어려움을 해결하기 위해서는 보험료를 올려야 하는데 이에 대해 정치권이나 정부는 차기 선거 등을 의식해 회피하고 있다. 병원의 입장에서는 의료서비스를 제공하고 받는 비용이 지나치게 낮아 운영에 어려움을 겪고 있다. 이에 보험에 해당되지 않는 비급여서비스를 빠르게 확대해 새로운 기계나 치료법 등으로 환자를 진료하고 있다. 환자의 입장에서 병원에서 권하는 새로운 치료

사회적 감수성을 키우는 시민 교과서

법이나 검사 등을 거절하지 못해 부담은 점점 늘어나고 있다.

사회적으로도 민간보험회사 운영하는 민영건강보험이 활성화되고 있다. 많은 국민들은 국민건강보험의 보장성이 낮기 때문에 개인적으로 민영건강보험에도 가입하고 있다. 결국 국민건강보험으로 보장하는 부분을 늘리지 못하고 개인이 부담해야 하는 의료비 지출은 늘어만 가고 있는 것이다.

최근 조사에 의하면 월평균 200만 원 미만 소득 가구의 39%가 민간의료보험에 가입 중이고 가구당 월수입의 17.2%(17만 7,500원)를 내고 있어 월평균 건강보험료(5만 2,175원)의 3.7배에 이르는 비용이 민간의료보험에 지출되고 있는 것으로 나타났다.

내가 노인이 되면 어떻게 살지? —국민연금

국민연금은 국가가 보험의 원리를 도입하여 만든 사회보험의 일종이다. 가입자가 보험료의 절반인 4.5%를 내고 나머지 4.5%는 고용주가 부담한다.

예를 들어 노동자가 100만 원을 받으면 임금에서 매월 4만 5,000원이 공제되고 고용주가 4.5%를 내는 것이다. 이에 비해 지역에서 국민연금에 가입한 지역가입자는 보험료 9%를 본인이 부담한다. 이렇게 모은 보험료를 재원으로 가입자가 나이가 들어 소득이 없을 때 연금으로 지급하는 것이다. 현재 가입자가 보험료를 납부해서 기금으로 사용하되 일부는 후세대가 내는 보험료로 충당한다. 국민연금은 40년 가입을 기준으로 가입자의 평생 평균소득의 60%를 연금으로 지급한다.

국민연금은 사회 구성원들이 모은 돈으로 지금 노인에게 노후연금을 지급하고 현 구성원들이 늙었을 때는 후세대가 내는 연금보험료를 받으며 세대 간에 굳건한 연대를 맺는 것이다. 과거에는 노인들의 부양을 각 가족이 담당했지만 산업사회가 진행되면서 가족의 개인적 부양으로 해결되지 않아, 구성원 전체가 노후 생활비를 모으고 다시 구성원 전체에게 골고루 지급하는 방식으로 사회가 책임지도록 한 것이다. 국민연금은 모든 국민을 하나의 제도에 포괄하고, 세대 간의 연대에 의해 노인 부양을 사회적으로 해결하는 것이다.

서울 용산에서 혼자 사는 이미숙(83·가명) 할머니는 요즘 "죽어야지."라는 말을 자주 한다. 평생을 청소 일을 하며 살아온 할머니는 노후마저도 가난의 굴레에서 벗어나지 못하고 있다.

정부에서 지원받는 것은 기초노령연금 9만 원이 전부다. 자녀들이 있다는 이유로 기초생활수급자도 되지 못했다. 팔과 허리가 끊어질 듯 아파도 의

사회적 감수성을 키우는 시민 교과서

료비 때문에 병원에 가지도 못한다. 오로지 먹고살기 위해 아픈 몸을 이끌고 폐지를 줍는다. 할머니는 예전에는 밤새도록 폐지를 주웠는데 지금은 몸이 아파 몇 시간밖에 일을 못한다.

할머니처럼 소득이 최저생계비보다 낮은데도 정부의 혜택을 전혀 받지 못하는 노인들이 103만 명이나 된다. 전 국민 대상으로 국민연금이 시행된 지 이제 12년밖에 되지 않은 데다가 노인복지가 아주 미흡하기 때문이다. 65세 이상 노인의 70%까지 지급하는 기초노령연금은 한 달에 겨우 9만 원이다. 노인들의 삶을 부축하기엔 턱없이 부족하다. 우리나라 노인빈곤율은 45.1%로 OECD 회원국 평균(13.3%)의 3배가 넘는다.

[출처: 기초노령연금 9만원으로 버티는 한국 노인들, 〈한겨레신문〉, 2011년 5월 17일자]

우리나라의 국민연금제도는 1988년에 시작되어 제도 시행 10년 만에 전 국민제도로 빠르게 확대되었다. 시행 초기 많은 가입자를 모으기 위해 높은 수익률을 보장하기도 했다. 이런 방식은 급속한 노령화와 맞물려 연금기금 운영에 어려움을 가져올 수 있어 최근 개정을 통해 좀 더 많이 내고 덜 받는 방식으로 바뀌고 있다.

우리나라 국민연금은 시행시기가 얼마 되지 않았기에 혜택에서 소외되는 광범위한 사각지대가 존재한다. 국민연금제도 시행당시 가입자가 되지 못한 현재의 노인층은 국민연금의 혜택을 받기 어렵다. 또한 소득이 없는 전업주부, 보험료를 납부하지 못하고 있는 영세사업장의 노동자들이나 비정규직 노동자, 소득이 없는 실업자,

사업장등록 없이 일하는 행상(노점상) 등의 납부예외자가 존재한다. 가입을 했다고 하더라도 보험료를 40년 정도 채우지 못하고 중간에 구조조정 등으로 회사를 그만두거나 계속 보험료를 납부할 수 있는 경제적 여건이 되지 않으면 평균 가입기간이 짧아져 노후를 보장하기에는 턱없이 부족하고 용돈 수준을 벗어나기 어렵다.

국민연금에 대한 국민들의 불만은 우선 보험료 납부의 형평성에 있다. 우리나라는 소득신고가 투명하지 못한 측면이 있어 보험료 측정이 제대로 되지 못하고 있다. 따라서 국가는 모든 노인의 기본생활을 보장하기 위해 책임을 지고 구성원들이 소득에 비례해서 보험료를 납부하고 연금급여를 지급받을 수 있도록 제도를 정비하여 납부자 간의 형평성을 조정해야 한다.

또한 국민들 사이에 국민연금이 고갈될 것이라는 불안감이 상당하다. 사실 국민연금이 많이 적립되는 것이 운영에 문제를 가져올 수 있다. 급속한 고령화가 국민연금 고갈을 가속화시킬 것이라는 전망도 타당하다.

퇴직자들의 은퇴와 노인인구의 급증으로 연금으로 지급되는 재원이 부족할 때 그 사회가 부담 가능한 수준이 어느 정도인지 구성원 사이의 논의가 필요하다.

사회적 감수성을 키우는 시민 교과서

노인 부양에 소요되는 재원의 총량을 사회 전체가 부담 가능한 수준으로 통제해 나가야 한다. 정부는 조성된 기금이 안정적으로 운영되도록 노력해야 한다.

내가 직장을 잃게 되면? -고용보험

실업은 일을 할 수 있는 능력과 일할 생각이 있어도 일자리를 갖지 못한 경우를 말한다. 월급 생활자가 더 이상 정기적인 소득을 벌 수 없으므로 생계에도 당연히 부정적인 영향을 주게 된다.

경제가 호황일 때는 생산, 소비, 투자가 늘어나기 때문에 일자리도 늘어나게 되어 실업률이 낮아진다. 하지만 경제가 침체되는 시기에는 생산, 소비, 투자가 위축되기 때문에 일자리는 줄어들고 실업자가 늘어나게 된다. 나라 전체적으로 보면 실업자가 늘어날수록 사람들의 구매력을 떨어뜨려 한 나라의 경제가 더욱 침체되는 악순환의 한 원인이기도 하다.

김 씨는 아마도 자신이 실업 상태에 빠질 것이라고는 꿈에도 생각하지 못했을 것이다. 그러나 실업은 언제, 누구에게라도 닥칠 수 있는 일이다. 나라 경제 상황이 나쁠 때는 일자리가 부족하기 때문에 실직자가 다시 취업하는 것도 쉬운 일이 아니다.

대기업에 다니던 김 씨는 최근 회사로부터 정리해고 통지서를 받았다. 그는 △△기업이 창업할 때부터 지금까지 15년 이상 성실하게 근무했고, 담당 업무 분야에선 일처리가 꼼꼼하고 정확하다는 평판이 자자했다. 최근 몇 년 동안 회사 경영실적이 부진했고 저임금 노동력을 찾아서 필리핀으로 생산 시설을 옮긴다는 얘기가 회사 내에서 파다할 때에도 김 씨는 흔들리지 않고 묵묵하게 자기 일을 열심히 했다. 그렇다 보니 김 씨는 자신이 정리해고 대상이 되었다는 것이 믿기지 않았고 처음 며칠은 배신감에 잠을 이루지 못했다.

그러나 분노가 점차 걷히고 퇴사 예정일이 점점 다가오자 그는 현실적인 어려움에 눈앞이 막막해지기 시작했다. 고등학생인 두 자녀의 교육비가 만만치 않게 들어가고 있었다. 몇 년 전에 은행 대출을 받아서 아파트를 장만했기 때문에 대출금과 은행 이자도 꼬박꼬박 물어야 한다. 나라 전체적으로 경제 상황이 좋지 않다 보니 김 씨의 경력을 살릴 만한 일자리를 얻기도 쉽지만은 않다. 일생에서 가장 돈 쓸 일이 많은 시기에 실직당한 김 씨의 한숨은 더욱 깊어질 수밖에 없었다.

누구든지 직장을 다니다가 자기 의사와 상관없이 직장을 그만두게 될 수도 있다. 주수입이 직장에서 일하고 받는 월급뿐이라면 단순하게 직장을 다니느냐 마느냐의 문제가 아니라 생존이 달린 문제가 된다. 전통사회처럼 인정 넘치는 이웃이나 일가친척의 도움으로 어려움을 헤쳐 나갈 수 있는 시대도 아니다.

그렇다면 더 이상 일하지 못하게 된 김 씨와 그의 가족은 앞으로 어떻게 되는 걸까? 당장 수입이 없거나 많이 줄게 되면 경제생활에 큰 곤란을 겪게 될 것이다.

복지국가가 등장하면서부터 실업, 질병, 재해, 은퇴 등에 따른 사회적 위험에 대비하기 위해서 일정한 소득이 있는 사람들이나 기업에게 사회보험 가입을 의무화했다. 이러한 사회보험료는 정식 세금항목에 들어가지는 않는다. 그러나 일정액 이상 소득이 있는 사람이거나 반드시 낼 필요가 있는 사람들이 사회보장비를 의무적으로 내야 하기 때문에 세금에 준한다고 하여 준조세라고도 한다.

복지국가라면 4대 사회보험(고용보험, 산재보험, 국민연금, 건강보험)을 운영하는 것은 기본 중에 기본이다. 우리나라도 4대 사회보험을 순차적으로 확대 적용해 왔다. 김 씨와 같은 문제가 발생했을 경우, 사회제도적으로 대처하려는 것이 고용보험제도다. 김 씨가 다니던 회사가 고용보험이 적용되는 사업장이었다면 바로 재취업되지 않아도 당장 생계를 걱정할 필요는 없다.

실업 상태에 빠진 사람들의 생계를 돕고 재취업하도록 지원하기 위해서 일정 기간 동안 지급되는 돈을 실업급여라 한다. 김 씨는 실업급여를 신청한 후 구직활동을 증명하면, 일정 대기 기간 후에는 보험 가입 기간과 나이에 따라 최장 240일까지 직장에서 받았던 평균 월급의 50%를 실업급여로 받을 수 있다.

고용보험은 누가 보험료를 내는가? 우리나라에서는 실직자의 생계를 보장하기 위한 실업급여(구직급여)는 근로자와 사용자가 반반씩 공동 부담한다. 고용안정 및 직업능력개발을 지원하는 급여는 사용자 단독으로 부담한다. 즉 실직자에게 제공하는 직업교육에 드는 비용을 고용주가 부담하는 것이다. 고용보험료의 보험료는 사업장의 해고율에 따라 차등적으로 부과하여 해고 억제를 유도한다. 보험료는 국가나 국가가 세운 기관이 관리하는데 우리나라에서는 근로복지공단에서 보험료 납부와 실업급여 지급을 관할한다.

고용보험 가입은 몇몇 경우를 제외하고는 의무적으로 가입하도록 법으로 정했다. 그러나 의무가입이라고 하여 가입한 사람이 실직했다고 모두 실업급여를 받는 것은 아니다. 실업급여를 받기 위해서는 실업급여를 신청하기 전 일정 기간 동안(18개월) 근로를 해야 하고 최소 6개월 이상 고용보험에 가입하여 보험료를 납부해야 한다. 그리고 실직 후 일정 기간이 지난 후에도 재취업이 되지 않아야 한다.

더욱이 우리나라 고용보험은 많은 문제점이 있어서 개선이 필요하다. 실업급여를 받기 위해서는 일정기간 이상 가입을 요구하고

사회적 감수성을 키우는 시민 교과서

[표4-1] 고용보험 가입기간 및 실업급여 수급 기간

연령 \ 가입기간	6개월 이상 ~ 1년 미만	1년 이상 ~ 3년 미만	3년 이상 ~ 5년 미만	5년 이상 ~ 10년 미만	10년 이상
30세 미만	90일	90일	120일	150일	180일
30세 이상 ~ 50세 미만	90일	120일	150일	180일	210일
50세 이상 및 장애인	90일	150일	180일	210일	240일

[표4-2] 실업급여 산정기준

실업급여 지급액 = 퇴직 전 평균임금의 50% × 지급일수
⇨ 최고액 : 1일 40,000원
⇨ 최저액 : 최저임금법상 시간급 최저임금의 90 % × 1일 근로시간(8시간)

있다. 그래서 처음부터 전혀 취업하지 못한 청년실업자는 고용보험 대상에서 아예 제외된다.

고용보험 적용 사업장은 1995년 도입 이래 확대되어 왔다. 그러나 아직까지도 고용보험을 적용받지 못하는 예외 사업장과 직종도 많아서 사각지대가 넓게 분포한다. 거듭되는 취업 실패로 일자리 구하기를 단념한 경우, 육아나 출산 등으로 휴직이 허락되지 않아서 퇴직한 경우에도 고용보험은 적용되지 않는다. 직장에서 차별이나 성희롱을 당하여 그만두었어도, 본인이 원해서, 즉 자발적으로 퇴사했으므로 실업급여를 받을 수 없다. 비자발적으로 직장을 그만두었을 때만이 실업급여를 지급하도록 법으로 정했기 때문이다.

우리나라는 다른 OECD 회원국들과 비교해 보면, 실업자 중에

161

수급자의 비중이 21.4%로 OECD국가 평균에 크게 못 미친다. 또한 실업급여 수준도 낮고 보장 기간도 짧아서 실직 가정의 생계를 충분하게 보장하지 못하고 있다. 실업 전 평균 소득과 실업급여를 대비하는 것을 실업급여의 소득대체율이라고 하는데 수치가 높을수록 자신이 실직 전에 벌었던 소득과 가까운 수준으로 실업급여를 받는 것이다. 우리나라의 실업 후 5년간 실업급여 소득대체율은 6.6%로 역시 OECD 국가 평균인 29.9%에 비해 턱없이 낮다.

내가 일하다 다치게 되면? – 산재보험

일을 하는 사람은 누구나 직장 또는 일터의 안전시설 미비, 인체에 유해한 환경, 과중한 업무, 정신적 스트레스, 장시간 노동에 따른 피로, 우연한 사고 등 다양한 원인에 의해 다치거나 병을 얻거나 사망할 위험이 있다. 산업재해란 이처럼 근로와 관련하여 사고를 당하는 것을 말한다. 이는 개인이 주의를 기울인다고 해도 불가피하게 발생하는 사회적 위험이다. 따라서 적정한 보상이 이루어져야 한다. 산업재해에 대비하기 위한 사회보험이 바로 산재보험이다.

여러분 주변에 효심이 같은 친구가 있다면 참으로 걱정스러울 것이다. 집안 경제 사정도 좋지 않은 형편에 효심이의 실수로 다친

사회적 감수성을 키우는 시민 교과서

것이니 누구에게 보상받겠는가? 그러나 효심이는 병원 치료비나 일하지 못해서 손해난 아르바이트 수입을 걱정하지 않아도 된다.

효심이가 당한 사고는 산업재해에 해당한다. 그런데 산재보험에 가입한 적이 없는데도 보험 적용을 받을 수 있을까? 받을 수 있다. 산재보험은 사용자(고용주)가 가입하는 것이기 때문이다. 산재보험은 산업재해를 당한 피고용인(근로자)과 그 가족을 보호하기 위한 제도이며 산재보험료는 사용자만 부담한다. 따라서 효심이는 산업재해보상보험법에 따라 병원 치료비와 요양비, 치료받느라고 일하

[표4-3] 특수고용노동자의 산재보험 가입률

(2010년 8월 기준)

보험설계사	10.1%
레미콘 기사	27.1%
학습지 교사	6.7%
골프장 경기보조원	2.5%
특수고용 노동자 전체	9.7%

〈출처: 근로복지공단〉

지 못한 날만큼의 수입을 받게 된다. 산업재해보험은 1인 이상을 고용하는 사업과 사업장에 자동 적용된다. 산재보험은 사용자가 의무적으로 가입해야 한다. 사용자가 가입하지 않았다고 해도 보험관계가 성립된다. 따라서 국가기관에서 먼저 피해 근로자에게 산재보험처리를 해 주고 나서 사용자에게 나중에 보험료를 청구하여 받아 낸다.

우리나라도 산재보험을 다른 사회보험보다 가장 먼저 도입하여 적용 직종과 사업장을 점차 확대해 왔다. 그러나 한계가 많아서 개선이 요구되고 있으며 아직까지도 산재보험 의무 적용을 예외로 인정하고 있는 직종과 사업장들이 있어서 사각지대가 존재한다. 특수고용 노동자들은 중소기업 사업주로 간주하기 때문에 산재보험이 적용되지 않는다. 골프장 경기보조원, 레미콘차 운전기사, 학습지

사회적 감수성을 키우는 시민 교과서

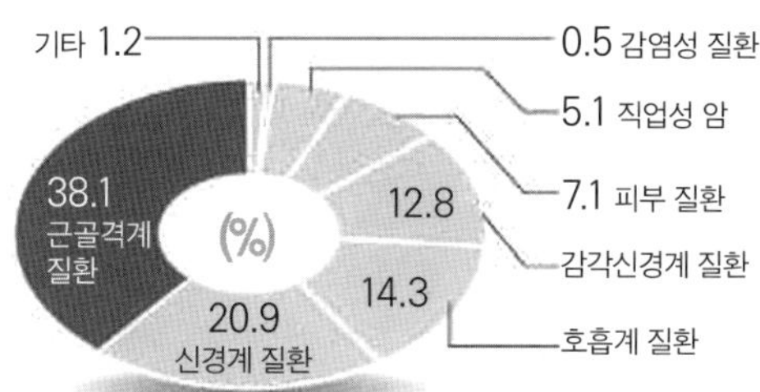

〈출처: 유럽연합 안전보건청, 2005년〉

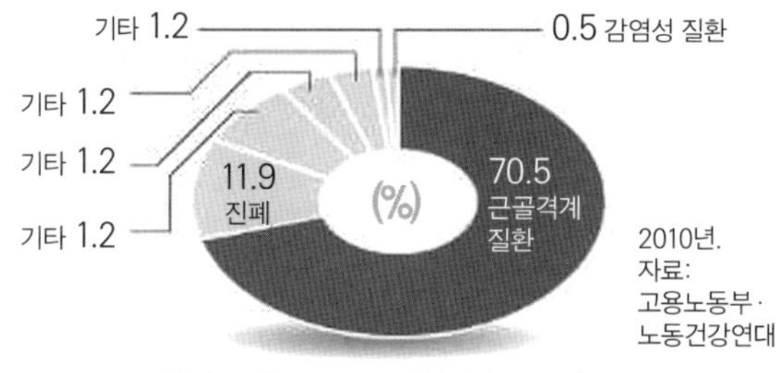

〈출처: 고용노동부·노동건강연대, 2010년〉

교사와 같은 특수고용직은 자신이 보험료를 내고 임의로 산재보험에 가입할 수는 있다. 하지만 사실상 고용관계에 있는 기업은 부담하지 않는다. 따라서 특수고용직의 산재보험 가입률은 매우 낮다.

산업재해로 인정되는 업무상 질병의 종류도 우리나라는 다른 선진국에 비해서 적은 편이다. 또한 일과 산업재해의 관련성을 피해자가 입증해야 하고 절차가 복잡하기 때문에 산재 인정을 받기가 어렵다. 산재발생률에 따라 보험료를 할증하여 부과하기 때문에 일부 사업주들은 산재보험으로 처리하지 않고 건강보험으로 처리하려고도 한다. 이러한 위법 행동은 건강보험 재정을 악화시킬 수 있고, 산재 피해자가 충분히 치료받을 수 없게 만든다.

게다가 지급절차도 복잡하고 신청이 거부되는 비율도 높다. 결국 저임금과 불안정 직종에서 일하다가 다친 피해자는 불확실한 산재보험보다 건강보험으로 처리하고 일단 치료받고 나서 다시 일을 구하여 소득을 버는 것을 선호할 수밖에 없다. 무엇보다도 산재급여가 충분하지 못하다는 점이 우리나라 산재보험의 큰 한계로 지적되기도 한다.

[그림4-4]는 구멍투성이인 일본의 사회안전망을 보여 주는 그림이다. 이와 같이 사회안전망을 탄탄하게 설계하지 않으면, 다수의 국민이 사각지대에서 고통받을 수 있다. 그런데 우리나라도 일본과 마찬가지로 사회안전망의 보호를 받지 못하는 사람들이 많기 때문에 각종 제도의 개선이 필요하다. 일본의 경우 폐지되었던 노령가산과 모자가산을 부활시키려는 움직임이 나타나고 있다.

사회적 감수성을 키우는 시민 교과서

[그림4-4] 구멍투성이인 사회안전망(일본)

*개호보험(介護保險): 노인요양 서비스만을 전담하는 새로운 사회보험을 만들고, 일반 기업이나 시민단체들이 노인요양 서비스 제공의 주체로 참여하는 일본의 보험제도.
*노령가산 : 고령의 노인들에게 지급하는 보조금제도
*모자가산 : 어머니만 있는 가정의 경우 양육보조금을 더 지급하는 제도

1. 한국사회에서 노동자 해고는 어떤 의미일까?

2009년 회사의 대규모 구조조정에 항의해 평택공장을 점거하고 농성하던 노동자들은 경찰 진압과정에서 다치고 구속되고 해고됐다. 그 사이 15명의 노동자와 가족이 스트레스성 질환과 자살로 숨졌고 남은 이들은 극심한 후유증에 시달리고 있다. 정신과전문의 정혜신 박사는 지난 3월부터 5월까지 8차례에 걸쳐 쌍용차 해고노동자와 그 배우자 14명의 집단 심리상담 결과를 담은 '쌍용자동차 해고 노동자 숨결 보고서'를 준비 중이다.

27일 서울 중구 정동 프란치스코 교육회관에서 열린 '유엔 고문피해자 지원의 날' 기념대회에서 심리기획자인 마인드프리즘 이명수 대표와 정 박사가 전한 쌍용차 해고노동자와 그 가족의 육성은 보고서의 일부다.

이 대표는 이들에게서 자신도 모르게 겪는 외상후 스트레스 증후군이 8가지 '헬프 미 사인(HELP ME SIGN)'으로 나타난다고 설명했다.

그들에게 죽음은 가까이 있고 삶은 끝없이 무기력하다.

"꿈에서 제가 자살을 하는 거예요. 그게 꿈인데 제가 우는 거예요, 자면서……."

"내가 벗어 놓은 빨랫감인 것 같아요. ……. 아무것도 할 수 없는 게 저는 너무 이상한 거예요."

2년이 지났어도 그때의 기억에서 벗어나지도 못한다.

"파업했을 때 장면들이 자꾸 떠올라요. 애들하고 천막에 앉아서 뒤늦은 점심을 먹는데 헬리콥터가 떠서 모래바람이 일어서 밥을 먹지도 못하고 놀란 애들을 가슴으로 감싸고 그랬던 기억들……."

자신을 무능한 사람이라 여기고 아무도 고통을 몰라 주니 억울하고 또 억울하다.

"예전엔 가장이니까 혼낼 수 있었는데 지금은 혼내질 못하겠어요. 그랬다가 아이가 '아빠는 뭐 하는 거야, 엄마는 돈 없다고 하는데' 그런 말할까 봐."

"주위 사람들에게도 힘들다는 얘기를 못하겠더라고요. 해고된 게 그까짓 게 뭔데. 해고된 사람이 한두 명도 아니고 세상천지인데 그런 마음이 들어서 마음을 표현 못하고 자꾸 닫고 살았다는 느낌이 들어요."

시시때때 분노가 솟구치고 사람을 믿지 못한다.

군사정권의 조작 사건과 고문 피해자들이 만든 재단인 '진실의 힘'은 "쌍용차 해고 노동자와 가족이 겪는 고통이 군사정권 시절의 국가 폭력과 간첩 낙인, 그로 인한 사회적 고립과 다르지 않다."고 주장했다. 고문 피해자들은 보상금을 모아 쌍용차 해고 노동자 자녀 심리치유센터 '와락'의 건립 지원금으로 전달했다.

〈출처: '쌍용차 해고 노동자들이 보내는 SOS', 연합뉴스, 2011년 6월 28일자〉

2. 공동의 이익을 꿈꾸면 더 나은 사회가 가능하다

노동자를 쉽게 해고하는 데도 노동자들이 해고에 대해서 두려워하지 않는 나라. 해고가 잦은 데도 실업률은 매우 낮고 완전고용에 가까운 수준인 나라. 무엇보다 자신의 직업에 대한 만족도가 세계 최고인 나라. 그런 나라 과연 존재할까? 그런데 꿈만 같은 노동의 이상향을 실현한 나라가 존재한다.

그 나라는 바로 덴마크.

- 가장 사업하기 좋은 나라 1위(Forbes 2년 연속, EIU 2008)
- 글로벌 경쟁력 3위(WEF, 3년 연속, 2008~2009)
- 노동시장 유연성 1위(WEF, 2008~2009, IMD 2009)
- 직업만족도 1위(EFI, 2008)
- 가장 네트워크가 잘 구축되어 있는 나라 1위(WEF, 3년 연속, 2008~2009)
- 정보화 인프라 1위(IDC Society Information Index)
- 최신 기술 이용 가능성 5위(WEF, 2008~2009)
- 실업률 1.7%(2008년 5월 현재)
- 지니계수 0.225(OECD 국가 중 가장 낮은 수준)
- 고용률 78%(세계최고수준, 참고로 우리나라 62%, EU 평균 64.7%)

이 순위를 통해 알 수 있는 것은 무엇일까? 이 숫자는 어떤 의미를 가지고 있을까?

기업하기 좋은 나라라는 것은 기업이 필요에 따라 언제든지 구조조정을 쉽게 한다는 것이고 그에 따른 노동자 해고가 자주 발생한다는 뜻이다. 이 말은 노동자가 아니라 기업을 소유하고 있는 자본가에게 유리하다는 말이다.

직업만족도가 높다는 것은 노동자들의 삶의 질과 행복지수와 연결된다. 우리 부모님은 직업에 만족하고 있을까? 덴마크 국민들은 다들 자기가 하고 싶은 일을 찾아서 하고 있다는 뜻일까?

덴마크의 실업률은 1.7%로 사실상 완전고용 상태다. 전체 노동력의 3분의 1이 새 직장을 구하기 위해 움직이지만 실업자는 거의 없다. 또한 노조 조직률은 82% 수준이다.

우리는 앞의 쌍용자동차 정리해고 관련 기사를 읽으며 현재 대한민국의 해고노동자의 삶의 한 단면을 머릿속에 그릴 수 있었다. 마음이 어땠는가? 슬프고 위로하고 싶은 마음이 생겼을 것이다. 한편으로는 기업 경쟁력을 높이기 위해서 구조조정과 해고는 어쩔 수 없지 않을까라는 생각을 했을 수 있다.

이렇게 어려운 문제를 풀어야 할 때는 다른 사람들은 또는 다른 나라에서는 어떻게 해결했을까를 참고해 보면 도움이 된다. 그래서 찾은 곳은 바로 북유럽에 위치한 덴마크.

덴마크 국민의 3명 중 1명 정도는 다니던 회사에서 해고되어 다른 직업을 찾아 옮겨 다닌다고 한다. 직장을 옮기는 것, 즉 이직(移職)이다.

기업은 빠르게 변화하는 세계와 사회적 트렌드에 발을 맞추거나 또는 그런 흐름을 먼저 만들어 나가기 위해 효율성과 경쟁력을 갖추는 게 필수적이다. 효율성과 경쟁력을 높이려면 잘되는 것은 살리고 안 되는 것은 버리는 과감한 전략이 필요하다. 이를 바로 구조조정이라고 하는데 기업이 일종의 다이어트를 하는 것이라고 생각하면 된다.

문제는 그 과정에서 노동자 해고가 발생한다는 것이다. 그런데 여기서 우리는 직업만족도를 주목해서 볼 필요가 있다. 덴마크는 노동자를 자주 해고하는 정책을 쓰는데, 왜 국민들의 직업만족도가 높은 것일까? 어느 날 갑자기 나의 부모님이 실직했다고 생각해 보자. 눈앞이 캄캄할 것이다.

이는 덴마크 사회가 '플렉시큐리티(유연안정성, flexicurity)'를 추구한 결과라고 한다. 이런 단어는 처음 본다고? 아마 그럴 것이다. flexibility(유연성)와 security(안정성)를 합쳐서 만든 덴마크 식 신조어이기 때문이다.

기업은 노동자를 해고하는 문제에 대해 유연성을 가지며, 해고자가 된 노동자의 삶은 안정적으로 보장된다는 건데 이게 정말 가능한 이야기일까?

답은 매우 간단하다. 사용자는 쉽게 해고하고 노동자는 또 쉽게 취업할 수 있으면 된다. 그리고 노동자에게 최적의 일자리를 연결해 주는 장치도 갖추면 된다.

덴마크에서는 A라는 사람이 실직자가 되면 취업센터에 등록을 한다.

사회적 감수성을 키우는 시민 교과서

여기에서 실업보험에 가입을 하고 4년간 원래 보수의 90%까지를 받을 수 있다. 4년이라니 덴마크 사람들은 실업으로 인한 생활비 고통은 거의 없을 것 같다.

'그렇다면 나는 4년 동안 일 안 하고 실업보험 받은 걸로 놀면서 보내겠어!'라는 생각을 한 사람이 많아질 것 같다고? 여기서 놀라운 사실은 4년 동안 취업을 하지 않고 실업보험만 타는 사람은 거의 없다는 것이다.

실업자의 90%는 1년 안에 재취업을 한다. 실업자는 실업한 날로부터 4주가 지나기 전에 기관에 등록을 하고 국가의 실업보험 당국과 심층 면담을 하게 되어 있다.

국가기관인 취업센터는 실업자가 희망하는 직업이 무엇인지 함께 찾아 주는 역할을 한다. 덴마크 국민에게 실업수당이 권리라면 의무는 적극적인 취업활동이다. 따라서 적극적으로 일자리를 찾는 노력을 하지 않을 경우 실업수당은 박탈당한다.

이는 복지의 좋은 점만 취한 채 시원한 그늘 아래 해먹(그물침대)에 누워 편하게 쉬려고 하는 사람들을 애초에 차단하기 위해 만든 장치다. 노동의 유연성만 강조되고 고용의 안정성은 보장되지 않는 우리나라 사회와 비교해서 볼 필요가 있을 것이다.

덴마크 실업률 수치에서 알 수 있듯이 이러한 '플렉시큐리티 정책'으로 덴마크는 실업률을 효과적으로 낮출 수 있었던 것이다. 우리는 덴마크의 역동적인 복지시스템을 주목해서 볼 필요가 있다. 덴마크의 복지

한발 더 나아가기 ④

시스템은 노동력을 보호하면서도 기업의 경쟁력을 높이고 더 나아가 국가 경쟁력을 높이는 가장 중요한 도구라고 할 수 있다.

이 나라 사람들은 어떻게 이런 정책을 만들었을까? 국민들은 어떤 점에 주목하여 이 시스템에 합의할 수 있었을까?

그건 아마도 공동의 이익을 먼저 생각하고 공동의 목표를 위해 협력하는 것이 얼마나 중요한지를 모두가 경험적으로 알고 있기 때문일 것이다.

이런 경우도 한번 생각해 보자. 회사가 노동자를 강제로 해고할 때뿐 아니라 만약에 스스로 현재의 직업이 자신과 맞지 않는 것을 깨달았을 때, 실업수당을 받으면서 새로운 직업을 설계하고 도전해 볼 수도 있을 것이다. 그렇다면 개인에겐 더 많은 꿈을 꾸고 다양한 인생을 살아 보는 기회가 생기는 거 아닐까? 가슴이 두근두근하지 않는가?

해고 이후의 삶에 대한 대책과 안전장치가 없는 상태에서의 해고는 분명 부당하다. 왜냐하면 가장 기본적인 인간의 삶을 파괴하기 때문이다. 그러나 노동자의 삶에 대한 기본적 예의와 인권의식이 없는 해고는 우리 사회에 빈번하게 나타나서 우리 모두를 억압하고 있다.

우리 부모님은 안정적인 직장에 다니시니까 나와는 상관없다고? 과연 그럴까?

혹시 부모님이 냉혹한 사회에서 조금이라도 안전한 좋은 직업을 가지기 위해서는 열심히 공부해야 한다고 밤낮으로 강조하시며 남들보다 앞서기 위해(또는 뒤처지지 않기 위해) 조금 더 빨리, 조금 더 많이 노력하라고 귀가 따갑도록 말씀하지 않은가? 먹고사는 문제에 있어서 모든 국민

사회적 감수성을 키우는 시민 교과서

이 불안하지 않고 자신의 꿈을 키워 나갈 수 있는 튼튼한 국가가 되려
면 우린 지금 무엇을 해야 할까?

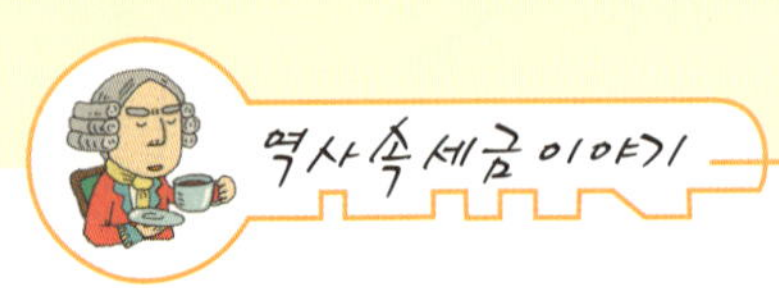

미국의 독립혁명과 세금

중세시대 불공평하게 너무나 많은 세금을 내야 했던 서민들은 불만을 쌓여 갔고, 이로 인해 반란이나 혁명이 나타나기도 했다. 심지어 한 나라의 붕괴를 초래하기도 했다. 영국의 경우, 세금 몇 푼 더 거두어들이려다가 그들의 식민지였던 미국으로 하여금 독립운동을 시작하게 만든 쓰라린 역사를 가지고 있다.

18세기 중엽, 7년전쟁에 승리한 영국은 7년전쟁의 전쟁비용과 신대

류에서 새로이 획득한 영토의 방위비를 비롯한 각종 비용을 충당하기 위한 재정적인 이유로, 식민지에 많은 세금을 부과했다. 1764년에는 커피나 빵에 먹을 때 필요했던 설탕에도 세금을 매겼으며, 1765년에는 신문이나 책, 공문서, 트럼프, 학위증명서 등 온갖 것에 인지(금

액이 표시된 증표)를 붙이도록 하고 인지마다 세금을 부과한 인지세법을 통과시켰다. 이런 세금들은 식민지 주민들의 생계를 심각하게 위협하는 것이었다.

식민지 주민들은 자신들의 대표가 참석하지 않은 의회에서 결정한 세금은 낼 수 없다며, '대표 없이 세금 없다'는 구호 아래 조직적으로 반발했다. 이에 영국은 설탕세법과 인지세법을 철회했다. 하지만 차에 대한 세금

▲ 보스턴 차 사건과 미국독립전쟁

만큼은 계속 유지하겠다는 입장을 발표하자, 150명의 식민지 주민들이 보스턴 항에 정박 중인 동인도회사 소속 배 두 척을 습격하여 300여 개의 차 상자를 바다에 내던진 사건이 발생했다.

이에 따라 영국은 손해배상을 할 때까지 보스턴 항을 폐쇄한다는 강

경방침을 발표했고, 식민지 주민들은 보스턴 차 사건을 계기로 '식민지의 자유와 자치를 지키자'는 구호 아래 조직을 강화하여 식민지 자치정부를 수립하기에 이르렀다. 그 후 1776년 7월 4일에 식민지 정부는 영국으로부터 독립을 선언했고 이를 통해 왕이 아닌 시민이 나라의 중요한 일을 결정하는 최초의 민주국가인 미국이 탄생했다. 이 사건은 미국 독립전쟁의 불씨를 일으키는 계기가 되었으며, 나아가 중세를 몰락시키고, 근대 시민국가 시대를 연 3대 시민혁명 중 하나가 된다.

시민혁명으로 유명한 프랑스와 영국도 이와 다르지 않았다. 왕과 귀족들은 면세특권이 있어 세금을 내지 않으면서 편하게 살아가는 데 반해, 일반 서민들에게만 과도한 세금을 매겨 서민들의 일상생활이 너무나 어려웠다. 이러한 생활을 더 이상 참지 못하고 혁명을 일으킨 것이며 잘못된 세금은 사회 변혁으로까지 이어질 수 있음을 보여 준다.

세금으로 인한 중세의 몰락은 새로운 세상의 시작을 알렸다. 중세 왕권국가 시대가 사라지고 근대 시민국가가 들어선 것이다. 새롭게 시작하는 세상에서 세금은 어떤 성격을 가지게 되었을까? 중세 때처럼 서민들을 괴롭히는 것이었을까, 아니면 좀 더 정의롭게 바뀌었을까?

근대 민주국가 시대의 세금은? – 국민을 위하여, 법에 따라서

과거 왕이 지배하던 국가와 오늘날 시민이 주도하는 민주주의 국가의 세금은 무엇이 다를까?

왕이 지배하던 나라에서는 왕이 나라의 주인이므로 백성은 왕의 명

사회적 감수성을 키우는 시민 교과서

령에 무조건 복종해야 한다. 왕의 말 한마디에 가지고 있던 재산을 모두 빼앗기기도 하고 심지어는 목숨을 잃기도 한다.

세금도 마찬가지였다. 나라(왕)에서 세금을 거두는 방법이나 세금의 액수를 일방적으로 정하면 백성(국민)은 무조건 따라야 한다. 만약 부당하다고 세금을 내지 않거나 부당한 점을 따지면 즉시 나라(왕)에서 그 사람을 잡아들여 죽이거나 감옥에 가두기 때문이었다. 그래서 국민들에게 세금은 '나쁜 것, 혈세'로 생각되었다. 사실 혈세라는 말은 본래 일본 식민지 시절 '피로 바친 세금', 즉 병역의무를 칭하던 말이다.

하지만 민주국가에서 나라의 주인은 국민이다. 주인인 국민에 의해 선출된 대통령과 국회의원이 국민을 위해 봉사하는 것이다. 따라서 민주국가에서는 국민의 뜻에 따라 정해진 법률에 의하여 사회가 유지되므로, 법에 의하지 않고는 사람을 죽이거나 구속할 수도 그리고 세금을 걷을 수도 없다.

이렇게 누가 얼마만큼의 세금을 내야 하는지 국민의 대표기관인 국회에서 만든 법률로 정하고 있는 것을 '조세법률주의'라고 한다. 얼마의 세금을 누구에게 걷을 것인지를 법으로 결정하는 국회와 이렇게 정해진 법에 따라 세금을 걷는 국세청, 모아진 세금을 적절한 곳에 사용하는 정부, 이 세 기관이 현대사회의 세금이 제 역할을 하게 하는 데 매우 중요한 기능을 하고 있다.

3대 시민혁명 선언문에 포함된 세금에 대한 내용

- 국왕은 …… (중략) …… 우리의 동의 없이 세금을 부과하고,

- 우리들은 다음과 같은 것을 자명한 진리라고 생각한다. 즉 모든 사람은 평등하게 태어났으며, 조물주는 몇 개의 양도할 수 없는 권리를 부여했으며, 그 권리 중에는 생명과 자유와 행복의 추구가 있다. 이 권리를 확보하기 위하여 인류는 정부를 조직했으며, 이 정부의 정당한 권력은 인민의 동의로부터 유래하고 있는 것이다. 또 어떠한 형태의 정부이든 이러한 목적을 파괴할 때에는 언제든지 정부를 변혁 내지 폐지하여……(중략).

미국독립선언서

- 제13조 : 공공 무력의 유지와 행정의 비용을 위하여 공동의 조세는 불가결하다. 조세는 모든 시민이 그 능력에 따라 평등하게 분담해야 한다.

- 제14조 : 모든 시민은 스스로 또는 대표자를 통하여 공적 조세의 필요사항, 조세의 용도, 세액, 징수 방법 및 기간을 결정하는 데 자유롭게 발언할 권리가 있다.

프랑스인권선언문

- 제4조 : 국회의 승인 없이 …… (중략) …… 별개의 방법으로 국왕에게 소요되는 금전을 징수하는 것도 위법이다.

영국권리장전

사회적 감수성을 키우는 시민 교과서

앞의 내용은 3대 시민혁명으로 일컬어지는 영국, 미국, 프랑스에서 중세와는 다른 새로운 세상의 모습을 담은 다양한 인권선언문의 내용이다. 이 내용 중에는 세금에 대한 내용도 담겨 있다.

중세와는 달리 근대 시민사회에서 왜 세금에 대해서 이같이 말했을까? 새로운 세상을 알리는 그 중요한 인권선언문에 왜 '세금'에 대한 내용을 넣게 되었을까? 그것은 아마도 중세 시대에 아무렇게나 세금을 만들고, 마음대로 세금을 걷었던 것에 대한 불만 때문에 아니었을까. 이제 새로운 근대 사회에서는 세금을 함부로 걷지 않게, 법에 따라서 걷고 사용할 수 있도록 하는 것이 그만큼 중요했기 때문은 아닐까?

역사 속 세금 이야기 ④

세금으로
시민의 삶 디자인하기

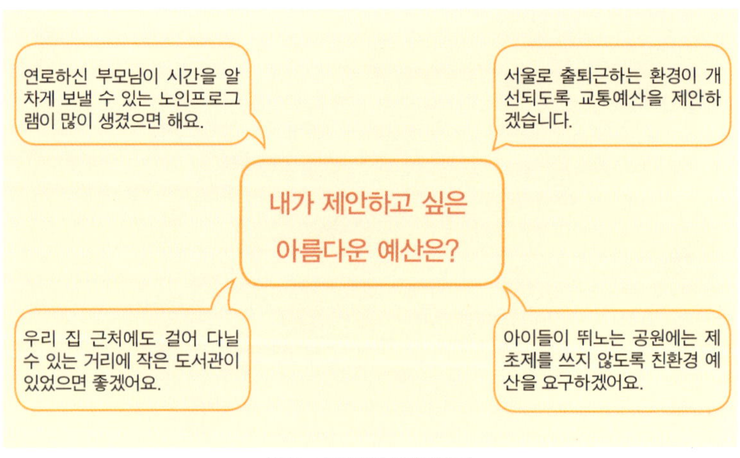

〈출처: 고양예산감시네트워크〉

세금을 내는 것은 국민의 의무다. 민주주의 사회에서 국민의 권리와 의무는 동전의 양면이라 할 수 있다. 세금을 내는 국민의 의무에 상응하는 국민의 권리란 무엇일까? 과거의 수탈적 세금과 달

사회적 감수성을 키우는 시민 교과서

리 오늘날의 세금은 세금을 내고 있는 시민들을 위해 쓰인다. 세금을 내는 시민들의 권리란 바로 이 세금이 어디에 쓰이고 있는지 알고 자신의 의견을 말할 수 있음을 포함한다. 이러한 시민의 권리 영역이 점차 확대되어 세금으로 확보된 예산을 어디에 쓸 것인지에 대해서도 참여할 수 있게 되었다.

그 성공 사례를 만든 국가는 브라질이다. 사실 브라질은 선진국이나 복지국가 할 때 단번에 떠오르는 나라는 아니다. 그럼에도 우리가 배워야 할 본보기를 구축했다. 지금부터 그 사례를 살펴보자.

주민참여예산제도의 롤모델, 포르투알레그레

포르투알레그레는 브라질의 리오그란데두술이라는 주의 주도(州都)다. 브라질 남부의 항구도시인 포르투알레그레는 1989년 그동안 공무원들이 정하던 지방정부 예산을 주민들이 참여해 결정하는 참여예산제도를 실시했다.

포르투알레그레는 일찍부터 산업이 발달한 도시지만 브라질의 다른 지역과 마찬가지로 빈부격차가 매우 크다. 인구의 3분의 1에 해당하는 사람들이 기본적인 필요를 충족하는 데 필요한 수도시설, 도로, 학교시설 등의 부족으로 어려움을 겪고 있다. 롬바르 미니에르는 수도, 전기, 버스, 상하수도 인프라가 전혀 갖추어지지 않은 빈곤지역이다.

1988년 브라질의 노동당 후보였던 올리비우 두뜨라가 시장에 당선되자 빈곤지역 사람들은 그들에게 필요한 인프라를 제공하는 데 시 예산을 써 줄 것을 요구했다. 당시 전 시장이 남겨 놓은 예산은 이들의 요구를 수용하기에는 턱없이 부족한 상태였다. 그러나 빈곤지역 사람들의 요구를 진지하게 받아들인 시장은 당시 재정상태의 어려움이라는 문제를 시민들에게 개방하고 함께 토론하면서 해결책을 찾아가는 방법을 선택했다. 이 과정에서 나온 것이 참여예산제다.

주민참여예산제는 시행정부나 시의회와는 별도로 주민이 직접 참여하는 참여예산기구를 만들어서 시행정부를 통하여 관련 예산의 예산안을 편성하는 것이다. 예산안의 심의와 의결은 시의회가 담당하지만 매년 3월에서 4월까지 16개 구역별로 주민들이 예산을 어디에 쓸 것인지에 대해 논의한다. 지역별·주제별 대의원회, 제안된 주민예산을 바탕으로 한 시행정부의 예산안 작성, 시의회의 심의와 결정을 통해 최종예산안이 마련된다.

포르투알레그레는 지방예산을 어디에 쓸 것인가에 대한 정책결

사회적 감수성을 키우는 시민 교과서

정 과정에 주민들의 참여 폭을 확대시키면서 많은 변화를 가져왔다. 1988년에 78%만 공급되던 수돗물을 오늘날에는 도시의 모든 주거지역의 98%까지 공급할 수 있게 되었다. 하수처리 구역도 46%에서 98%로 증가했다. 그리고 시의 주택부가 1986년에서 1988년까지 1,714가정을 지원한 반면 참여예산제 실시 이후인 1992년에서 1995년 사이에는 16배 정도 많은 2만 8,862가정에 주택지원금을 제공했다. 또 공립학교 수도 1988년 29개에서 86개로 늘어났다.

제10지구 주민인 아나이 고레스의 말을 통해 참여예산제가 바꿔 가는 사회의 모습을 이해할 수 있다.

"우리 마을은 남자 아이들은 마약을 하고 여자들은 사창가로 가는 경우가 허다할 정도로 무척 가난해요. 마을 주민들이 이걸 심각하게 생각하면서도 해결할 길이 없으니 막막하기만 하죠. 그동안 우리 마을에서는 참여예산제에 대해서 별 관심이 없었어요. 그래서 그동안 한 번도 지역회의에 참석하지 않았었죠. 그런데 다른 마을을 보니까 참여예산제에 참여하면서 도로나 학교 같은 주민들에게 필요한 것들이 만들어지는 거예요. 우리 마을 주민들도 참여예산 과정에 참여하자고 해서 오늘 처음으로 참석해 보는 거예요."

[그림5-1] 포르투알레그레의 주민참여예산제도

포르투알레그레에서 처음 도입한 참여예산제는 브라질의 100여 개 도시뿐 아니라 세계 여러 나라가 시행하고 있다. 주민참여예산제를 실시하면서 예산을 함부로 쓰는 행위가 줄어들었고 부패가 사라졌다. 또한 주민들의 권리의식이 성장했다. 과거에는 예산에 대한 주민참여를 시장의 시혜로 생각했던 사람들이 이를 시장의 의무로 받아들였다. 또한 예산을 결정하는 데 있어서 공정함과 형평성을 고려하게 되었고 시민의 복지가 향상되는 효과를 가져왔다.

세금을 낼 때뿐 아니라 쓸 때도 참여하라 – 납세자 주권

앞에서 세금은 시민의 연회비라고 했다. 그런데 그 연회비가 어

사회적 감수성을 키우는 시민 교과서

디에 어떻게 쓰이는지에 대해 정부가 투명하게 공개하지 않고, 시민들이 그 정보에 접근할 권리를 보장받지 못한다면 납세자로서 제대로 존중받고 있다고 할 수 없다. 연회비를 받아 관리하는 사람들은 그 연회비가 어디에 어떻게 쓰였는지 투명하게 공개하고 사람들은 연회비의 쓰임에 대한 의견을 표출할 수 있어야 한다. 이러한 것이 보장되어 있을 때 비로소 납세자들은 국가가 세금이라는 이름으로 아까운 내 소득을 빼앗아 간다는 피해의식에서 벗어날 수 있고, '나'와 '우리'를 위해 책임을 다한다는 주권자로서의 의식을 갖게 된다.

납세자 주권이 실현되기 위해서는 다음과 같은 세 가지 원칙이 지켜져야 한다.

첫째, 내가 낸 세금이 어떻게 쓰이고 누가 얼마만큼의 해택을 보는가를 쉽게 알 권리가 보장되어야 한다. 복잡하고 어려운 과정을 통해야만 알 수 있는 것이 아니라 해당 행정기관의 인터넷 사이트를 클릭하면 시민들이 이해할 수 있는 쉬운 정보로 예산이 어디에 쓰이고 있는지 한눈에 알 수 있도록 해야 한다.

둘째, 낭비에 대한 책임을 강화하는 제도를 마련해야 한다.

막대한 예산을 쏟아부었지만 손님이 없어 파리만 날리고 있는 지역 공항이나 유람선 등이 적정한 사전 사업성 검토가 제대로 이루어지지 않은 채 시장의 지시 등 정치적인 결정으로 시작된 경우가 많다. 세금이 낭비된 사업의 경우 사후적으로라도 도덕적 책임을 물을 수 있도록 그 결정 책임자가 누구인지, 사업에 어떤 문제가 있었는지, 정부 차원에서 세금 낭비 백서를 만드는 것도 필요하다.

셋째, 내가 낸 세금을 어디에, 얼마나 쓸 것인지 결정하는 과정에 시민들이 일정부분 참여할 수 있어야 한다.

지역주민이 예산과 관련하여 참여할 수 있는 장이 확대된다면 예산이 보다 투명하고 효율적으로 운영되어 함부로 낭비되는 일이 줄어들게 될 것이다. 포르투알레그레의 주민참여예산제는 우리나라 지방자치단체에서도 일부 수용하고 있다. 그러나 이러한 제도가 브라질만큼 많이 알려져 있지는 않다. 시민의 참여폭이 넓어지고 그 쓰임에 시민들의 요구가 일정 부분 받아들여지면서 삶이 더 행복하게 바뀌어 나가는 것을 경험하게 된다면 시민들의 세금에 대한 인식도 넓어지고 사회에 대한 책임감도 더 커질 것이다.

세금 그리고 우리의 행복

학교에 가면 무료로 교과서를 받는다. 잘 정돈된 지역 도서관이

사회적 감수성을 키우는 시민 교과서

나 박물관을 무료로 이용하면서 공부할 수 있다. 날씨가 좋을 때는 풀과 나무와 쉼터가 꾸며진 우리 마을 공원을 산책하면서 가족들과 즐거운 시간을 갖는다. 세금을 통해 누구나 경제적 부담 없이 행복하게 누릴 수 있는 것들이 주변에 적지 않다는 것에 감사할 때가 있다. 내가 사는 지역에 내가 이용하는 공간 중에는 국가가 세금을 걷어 만들어 준 공공시설도 있고 국가가 아닌 개인이 대가를 받고 거래를 통해 필요한 것을 공급하는, 이른바 시장을 통해 개인이 공급하는 것이 있다.

세금은 개인들의 활발한 경제활동이라는 시장의 영역이 보장될 때 잘 거둬들일 수 있다. 그러나 또 한편 시장의 영역을 통해서만 사람들이 필요로 하는 것을 공급받는 데는 어려움이 따르는 것들이 있다. 공공도서관이 없다면 모두가 책을 사서 봐야 하고 사설 도서관에서 돈을 주고 책을 빌려 봐야 한다면 돈을 많이 벌지 못한 사람들은 책을 읽기 힘들어진다. 산책을 위해 공원을 이용할 때도 국가가 아닌 개인이 자신의 돈으로 운영하는 공원만 있다면 돈이 없는 사람은 아름다운 공원을 산책하며 건강을 돌보기도 힘들어질 것이다.

우리나라 세금은 기본적인 철도, 도로 등 인프라가 충분히 만들어진 현재까지도 토목 건축사업에 더 비중을 가지고 쓰이고 있다. 결국 세금이 우리 사회가 당면하고 있는 저출산과 고령화에 대비하거나, 청년 실업에 대한 근본적 해답을 줄 수 있는 곳에 쓰이기보다는 소수 건설업자들의 배만 불리고 세금을 낭비해 경제력의 상승이 국민의 삶의 질을 올리는 것으로 이어지지 못한 측면이 크다.

세금을 어디에 쓰느냐에 따라 국민의 행복지수는 달라질 수 있다. 퇴임 후에도 80%가 넘는 지지율을 보이고 있는 브라질의 룰라 대통령은 세금을 빈곤층을 줄이기 위한 복지 프로그램에 배정하여 7년 만에 1억 9,000만 명의 브라질 인구 중 2,000만 명이 빈곤선에서 벗어났다. 이는 빈곤층의 구매력을 상승시켜 경제에도 활력을 가져왔다. 사람들이 좀 더 행복하게 아이를 낳고 살 수 있는 대한민국을 만들기 위해 세금으로 우리 사회를 새롭게 디자인해 보자.

세금의 낭비를 막는 파수꾼이 되자

지금 이 순간에도 어디선가 우리가 힘들게 낸 세금이 헛되게 쓰이고 있을지도 모른다. 사실 일반 시민들은 정보를 제대로 공유하

사회적 감수성을 키우는 시민 교과서

지 못해 현실을 파악을 못하는 경우가 많다. 그래서 비슷한 낭비가 되풀이되기도 한다. 이 악순환의 고리를 끊고자 '함께하는 시민행동'이라는 시민단체가 아무리 부어도 채워지지 않았던 콩쥐의 밑 빠진 독을 빗대어 '밑 빠진 독 상'을 만들고 터무니없이 세금을 낭비하는 행정기관에 이 상을 수여하기 시작했다.

'밑 빠진 독 상' 대표 수상작

● 1만 원짜리 USB를 95만 원에 산 군(軍 2011년)

2011년 9월 말 군(軍)이 시중에서 1만 원이면 살 수 있는 4기가바이트(GB) 용량의 컴퓨터 보조기억장치(USB)를 95만 원에 구입한 사실이 보도되면서 국민들을 기함하게 했다. 이 군용 USB 는 영하 32도부터 영상 50도까지의 기온 변화 및 강한 충격과 진 동을 견딜 수 있는 '특수한' 제품이라는 이유로 시중가의 100배에 달하는 초고가로 납품됐다고 한다. 얼핏 '군용 USB'여서 엄청난 내구성을 갖췄는가 보다 생각할 만도 하다.

그런데 웃긴 사실은 1만 원짜리 시판 USB도 영하 30도부터 영상 60도까지의 기온 변화를 문제없이 견뎌 낼 수 있다는 것이 다. 실제 성능에는 아무 차이가 없는 제품을 1~2배도 아니고 100 배나 비싸게 샀다니 '바보' 소리를 들어도 할 말이 없다. 군은 실수 를 인정했지만 이미 95만 원짜리 '특수' USB는 660개나 납품된 상황이었다.

● 미분양이 절반인 가든파이브(2010년)

이명박 대통령이 서
울시장으로 활동하던
시절 청계천을 개발하
면서 청계천 주변 상
인의 이주 대책으로

사회적 감수성을 키우는 시민 교과서

추진된 이 사업은 SH공사가 1조 3,000억 원의 빛을 내서 짓고 2009년부터 분양을 시작했으나 2010년 기준 분양률이 50% 정도이고 2010년 2월 기준 한 달에 40억 원에 달하는 이자를 내고 있다. 2011년에도 여전히 가든파이브의 미분양 사태는 지속되고 있다. SH공사는 이런 대규모 공사를 빛을 얻어 시행함으로써 현재 부채 총액이 13조 원이 넘는다.

하루 200톤의 하수 슬러지(찌꺼기)를 처리할 계획으로 90억 원의 예산을 들여 지어졌으며 2002년 7월 가동을 시

작했다. 그러나 단 2개월 만에 기기고장을 일으켜 악취로 주민 민원이 폭주했고 8년 동안 가동이 중단된 채 부실하게 운영되었다. 이후 다시 50억 원을 투입해 직접건조에서 간접건조 방식으로 바꾸는 등 시설을 보완해 2010년 12월부터 재가동되고 있다.

경인운하사업은 인천 서구 시천동(서해)에서 서울 강서구 개화동(행주대교)까지 18km에 걸쳐 총사업비 1조 8,429억 원(민간 14,047억 원, 정부 4,382억 원)을 들여 운하를 건설하는 사업으로 건설교통부가 민자유치로 진행했다.

지난 1999년 민자로 추진됐던 경인운하사업은 환경파괴논란과 경제적 타당성 문제가 불거지면서 사업이 지연되다 2003년 감사원 감사에서 '사업의 재검토가 필요하다'는 결론을 내면서 사업이 중단돼 민자협약도 자동 해지됐다.

이에 따라 당시 사업 시행자였던 경인운하㈜는 사업 취소가 부당하다며 정부를 상대로 투자된 설계비와 운영권을 물어 달라는

사회적 감수성을 키우는 시민 교과서

해지지급금 소송을 냈고 2007년 서울고등법원의 조정결정으로 정부는 경인운하㈜에 360억원의 해지지급금을 물어줬다.

경인운하㈜는 수자원공사와 10개의 민간기업이 참여한 컨소시엄으로 구성된 회사로, 현대건설이 52%의 지분을 갖고 사실상 대주주 역할을 했다.

이같이 해지지급금을 돌려 받은 현대건설은 당시 경인운하사업 참여의 노하우를 십분 활용, 경인운하사업 중 공사금액이 2,997억원으로 가장 큰 1공구에 낙찰되는 '수혜'를 입었다.

예산이 어떻게 낭비되고 있는지 파악하는 일은 그리 어렵지 않다. 뉴스를 조금만 성의 있게 보아도 어디서 세금이 줄줄 새는지 금세 알아차릴 수 있다. '밑 빠진 독 상'은 이를 통해 예산낭비를 일으키는 도덕적 해이를 감시하고 예산감시운동을 대중적으로 확산시키고자 하는 것이 목적이다.

세금이 낭비되고 있는 현장을 보면 분노할 수밖에 없다. 이 분노를 어떻게 하면 세금을 안 낼 수 있을까 하는 세테크로 풀기보다는 세금의 긍정적 역할을 되찾기 위해 예산감시운동에 관심을 가지고 참여해 보면 어떨까.

제5장 세금으로 시민의 삶 디자인하기

'밑 빠진 독 상'의 유력후보작

실망스럽지만 우리나라에서 세금이 낭비되는 사례를 찾아 보면 생각보다 너무나 많다. 여기서는 우리나라 지방자치단체에서 세금을 어떻게 써 왔는지 몇몇 사례만 소개하겠다.

● 고리원자력발전소 지원금은 어디에 쓰였나

다음 중 정답은?
① 원자력 사고에 대비한 안전교육을 실시하고 안전시설에 투자했다.
② 국제 규격의 축구장 8개를 만들었고 4개의 축구장 더 짓고 있다.
③ 지역 학생들의 학비 지원을 위해 대규모 장학재단을 운영하고 있다.
④ 울주군 군민들을 위한 무상의료 정책을 실시하고 있다.

고리원자력발전소는 한국수력원자력에서 운영하고 있는 부산광역시 기장군 장안읍 고리 및 효암리, 울산광역시 울주군 서생면 신암리 일대에 위치한 원자력발전소다. 1986년에 발생한 구소련의 체르노빌 원자력발전소 사고나 최근에 일어난 일본의 원자력 발전소의 폭발 사고에서 알 수 있듯이 원자력은 편리한 에너지를 제공하지만 인류는 원자력의 가공할 위험을 완전히 통제할 수 없다. 울주군은 이러한 위험할 수 있는 원자력 발전소를 해당 지역에 유치

사회적 감수성을 키우는 시민 교과서

하면서 1999년 1,100억 원을 보상받았다.

그런데 울주군은 그중 500억 원을 어디에 사용했을까? 바로 축구장 건설이다.

울주군에는 12개 읍, 면 중 5곳에 국제 규격의 축구장이 무려 8개가 있다. 추가로 4개를 더 건설할 예정이라고 한다. 울주군의 전체 인구는 19만 8,000여 명에 불과하고 주말과 평일 야간을 제외하면 축구장 이용객이 거의 없는 상태다.

한편 울주군 측에서는 축구장을 운영하면서 매년 1억 5,000만 원의 수익을 거두고 있다고 항변한다. 그렇다면 이 축구장을 유지하는 데 들어가는 비용은 얼마일까? 관리비용은 무려 연간 3억 5,000만 원이다. 배보다 배꼽이 큰 격이다.

울주군은 인구 20만 명당 1개의 축구장을 가진 서울보다 10배가 많다. 그 밖에 면사무소 건설에 27억 원 등 대부분의 돈을 다리 건설, 건물, 체육시설을 짓는 것을 포함하여 울주군은 원자력 발전소로부터 받은 보상금 1,100억 원을 이런 형태로 사용했고 2009년에 지원금은 모두 바닥났다.

다음 중 정답은?
① 하루 이용객 수는 2만 명 정도로 출퇴근 시간에 서울시의 도로교통 혼잡을 줄이는 데 큰 기여를 하고 있다.
② 하루 출퇴근 이용객 수가 18명뿐이어서 애물단지로 전락했다.

다음 내용은 전 서울시 시장이 재임 중에 추진했다가 예산을 크게 낭비했던 사례들이다. 정책 실패를 이유로 처벌할 수는 없다 하더라도 충분한 심사숙고 없이 실행된 국가사업으로 더 이상의 예산 낭비가 나타나지 않도록 하기 위해서는 누가 예산을 이렇게 낭비했는지 시민들이 잘 기억해 줌으로써 정책 집행자의 책임을 강화시켜 줄 필요가 있다.

먼저 한강 수상택시. 이 사업에는 예산이 12억 원이 투입됐고 한강을 따라 11개 선착장을 별도로 건설했다. 애초에 서울시는 1일 이용고객을 1만 9,650명으로 예상했고 사업자는 1일 950명으로 예상하고 사업을 시작했다. 시작부터 서울시와 사업자 간의 의견 차이가 너무나 컸다. 4년이 지난 후 드러난 실제 이용고객 수는 1일 83명밖에 되지 않았다. 승객수요가 적어 매년 8억 원의 적자를 보던 이 사업은 누적적자가 15억 원에 달해 결국 사업자가 사업을 포기했다.

다음은 워터프론트계획. 서울시의 마곡에 지어지는 워터프론트는 마곡지구 내 중앙공원과 한강 인접부에 배가 다닐 수 있는 수로, 호수, 공원, 정박시설을 설치하는 등 79만 1,000㎡의 대규모 수변공간을 조성하는 사업을 말한다. 과감하게 1조 원 가까운 프로젝트 예산이 소모될 예정이었으나 서울시 재정악화로 백지화됐다. 워터프론트계획 관련 설계비에 120억 원, 홍보관 설립에 70억 원이 낭비되었다.

● 킨텍스 지어 수천억 원 탕진한 고양시, 그다음 선택은?

다음 중 정답은?

① 전체 예산의 31%인 3,591억 원을 들여 제2킨텍스를 만들었다.

② 저소득층을 위한 예방접종 지원, 생계수당 등을 마련했다.

③ 출산장려를 위해 다자녀 가정 지원 혜택을 마련했다.

경기도 고양시에 위치한 킨텍스는 총 공사비가 2,315억 원이 들었는데 평균 가동률은 53%이고 1년 중 전체 면적의 50% 이상을 활용한 날짜가 24일이라고 한다. 그런데 고양시는 전체 예산의 31%인 3,591억 원을 들여 제2킨텍스, 즉 킨텍스 제2전시장을 완

제5장 세금으로 시민의 삶 디자인하기

공해 개장했다. 세계 수준의 국제컨벤션 행사를 유치하기 위해서
는 최소 10만m^2 이상의 전시 면적을 확보해야 한다는 논리다. 실
제 킨텍스 제2전시장의 규모는 축구장 15개를 합쳐 놓은 것과 맞
먹는다.

한국개발연구원(KDI)에서는 킨텍스 제2전시장 건립사업에 대
한 예비타당성 조사 결과 비용편익 비율이 0.92로, 예상 경제적
효과가 투입한 비용에도 못 미치는 것으로 분석했다. 고양시에서
는 컨벤션센터 외에 고양시 종합운동장에도 1,200억 원을 투입했
지만 이용률이 저조하다. 수천 억 원의 예산을 탕진했지만 사실상
고양시민들에게 주는 효용은 전무하다고 해도 과언이 아니다.

지방자치단체들은 이런 대규모 공사를 벌이면 수익이 많이 발
생하고 지역경제에 도움이 된다고 판단한다. 그러나 막연한 짐작
이 아니라 비용 대비 산출효과가 얼마나 되는지 정확하게 계산하
고 계획해서 예산을 집행해야 할 것이다.

선반 노동자 출신인 브라질의 룰라 대통령은 빈곤층 아이들이
학교에 가고 백신접종을 하면 수당을 주는 복지제도와 생계수당,
가스 지원 등 다양한 사회복지 프로그램을 통합한 복지정책인 보

우사 파밀리아(Bolsa Familia)라는 정책을 폈다. 그 결과 어떻게 되었을까? 빈민들이 생활보조금을 술을 마시는 데 탕진했을까? 기업이 무너지고 브라질 경제가 더욱 어려워졌을까? 일을 하지 않아도 지원을 받게 되니 일을 하지 않으려고 하는 복지병이 생겼을까?

사실 그 같은 소득보조정책은 국가재정을 고려하지 않는 선심성 정책이라는 비판을 받았었다. 하지만 당시 브라질은 절대빈곤층이 5,000만 명이고 5분마다 어린이 한 명이 기아로 죽는 상황이었다. 이런 상황에서 룰라는 사회적 약자를 위한 복지정책을 현실화하기 위해 인플레이션 극복, 공무원 연금제도 개편, 외화보유액 확대, 계층 간 합의 도출, 조건부 빈곤층 지원 등의 개혁 정책을 추진했다.

그 결과 그의 임기 동안 브라질의 빈곤율(소득이 최저생계비에 미치지 못하는 가구의 비율)은 34%에서 22%로 떨어졌고 경제성장률은 집권 전 3.4%에서 7.5%까지 올랐다. 룰라 재임 8년간 브라질 국내총생산 성장률은 연평균 5% 전후를 기록했고, 총 GDP는 3배 넘게 커졌으며, 외환보유액은 10배 가깝게 늘었다. 물가 상승률은 12.5%에서 5.6%로 낮아졌다. 브라질은 채무국에서 채권국으로 전환하면서 세계 8위의 경제대국으로 급성장했고 이런 정책은 대중의 인기에 영합한 것이라는 비판을 받기도 하였으나, 현재는 매우 성공적인 정책으로 평가받고 있다.

빈곤층을 줄이고 브라질 경제를 개선한 브라질 룰라 대통령은 퇴임 후에도 국민들로부터 80% 이상의 지지를 받았고 후임자뿐만 아니라 경쟁상대인 다른 당의 후보들도 앞 다투어 룰라의 정책을 계승하겠다고 표방하고 나섰다.

세금을 잘 쓰면 더 행복한 세상을 만들 수 있다는 것을 깨달을 수 있는 사례다.

사회적 감수성을 키우는 시민 교과서

1. 숨은 복지 찾기

1) 다음 마을지도를 보고 국가가 세금을 거둬 세운 시설을 찾아 동그라미를 해
　보자.

1. 숨은 복지 찾기

보건소, 고아원, 공공도서관, 구립어린이집, 구립문화센터, 마을 공원, 도로
는 국가가 세금을 가지고 만든 시설이다. 백화점, 마트, 학원, 식당, 옷가게
는 개인이 자신의 돈을 투자해 수익을 내는 것을 목적으로 만든 시설이다.
국가가 세금을 통해 만든 시설을 모든 국민이 누구나 이용할 수 있도록 시
설비용과 운영비를 대부분 국가에서 세금으로 충당한다. 예를 들어 어린아
이가 있는 집에서는 보건소에서 필수 예방 주사를 무료로 맞을 수 있다.

2) 1번 그림에서 본 숨은 복지 시설이 사라지고 해당 서비스를 이용하기 위해서
   돈을 지불해야만 한다면 어떤 일이 생길까?

3) 여러분이 마을의 최고행정가가 되었다고 하자. 세금 수익(세입)이 늘었다면
   그 세금으로 주민들을 더 행복하게 만들기 위해 꼭 하고 싶은 것 혹은 정책
   은 무엇인가?

2. Mission Possible: 세금 낭비를 막아라!

연말이 되면 지방자치단체들이 껍만 제거하면 될 것 같은 멀쩡한 보도블록을 새 것으로 교체하는 데 남는 예산을 쏟아붓고 있다. 지방자치단체에 배정된 예산을 다 집행하지 않으면 다음 해 책정되는 예산이 줄어들 것을 염려하기 때문이다. 그런데 하필 왜 보도블록일까? 우리나라 사람들은 거리를 지나다니며 여기저기 공사 현장을 많이 봐서 그런지 건설 관련해서 세금을 쓰는 것에 대해서는 별로 거부감이 없는 것 같다.

그렇다면 보도블럭 대신에 남은 예산을 어디에 쓰는 것이 낭비를 막으면서도 삶의 질을 높이는 데 도움이 될까? 예산 낭비를 막기 위해 어떤 제도나 장치를 마련하면 좋을지 각자 생각을 적어 보자.

예)

- 각 지방자치 단체별로 연초에 주민공청회를 통해 매년 남는 예산의 규모를 확인하고 그 지역의 특수성을 고려하여 예산이 남았을 때의 사용처를 공동으로 미리 정한다.
- 심폐소생술 같이 비상 시에 필요한 응급조치에 대한 무상교육을 지역민을 대상으로 연말에 동별로 실시하고 교육을 받은 사람들에게는 수당을 지급한다. '좋은 부모되기' 교육을 받으면 수당을 지급하고 도시 평균소득 이하의 주민들에게 우선권을 부여한다.

- 지방자치단체에서 남는 예산을 다음 해 예산으로 편성하여 집행할 수 있도록 한다.

- 공공도서관에 비치하는 도서를 더 구입하고, 학술 도서의 경우 정가의 3배를 지급하여 공공의 재산인 지식이 늘어날 수 있도록 지원하며 사람들도 도서관을 통해 쉽게 책을 접할 수 있게 한다.

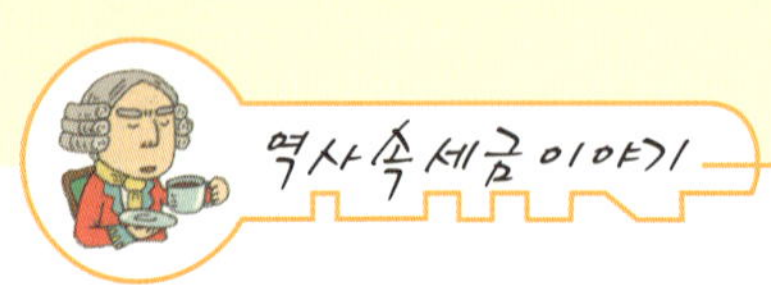

사회적 감수성을 키우는 시민 교과서

황당한 세금들

왕이 마음대로 세금을 매기던 중세시대에는 황당한 세금들이 많았다. 또 각 나라마다 근대 시민사회가 정착되는 데 굉장히 오랜 시간이 걸렸기 때문에 최근까지도 황당하게 느껴지는 세금들이 많았다. 어떤 것들이 있는지 한번 살펴보자.

초야세

1538년 취리히 주 의회가 발행한 공문서 포고문에 '농지를 소유하는 영주는 영지 내의 농민(소작인=농노)이 결혼을 할 때, 그 신부와 초야를 보낼 권리가 있다. 신랑은 영주에게 신부를 제공할 의무가 있다. 만약 이를 거부하면 신랑은 영주에게 4마르크 30페니를 지불해야 한다'고 기술되어 있다.

장례세

1963년 영국. 부모님이 돌아가셨는데, 그 슬픈 와중에도 세금을 매겼다.

벽난로세와 창문세

17세기 영국. 벽난로와 창문 개수에 따라 세금을 매겼는데, 이는 부유층에 대한

세금이었다. 처음에는 벽난로에, 벽난로가 잘 안 보이니 창문에다 세금을 매겼다. "7~9개는 2실링, 10~19개는 6실링, 20개 이상은 10실링". 1696년 도입된 영국의 창문세(Windows Tax)의 세액이다.

공기세

18세기 프랑스의 실루에트(Silhouette) 재무장관이 사람들이 신선한 공기를 마시는 것을 황제 루이 15세의 공덕으로 돌리고 '공기세'를 매기려 했다. 4개월 만에 쓸쓸히 퇴임한 그의 뒷모습을 두고 '실루엣'이라고 부르게 되었다.

시계세

영국 나폴레옹 전쟁 시기. 전쟁 비용을 충당하기 위해 시계 1개에 1실링씩 세금을 받았다.

사회적 감수성을 키우는 시민 교과서

상륙세

태국, 프랑스 파리. 여행 온 외국인에게 상륙세를 매겼다.

수염세

러시아 로마노프왕조 제4대 황제 (1682~1725)였던 표트르 대제(Pyotr I, 1672~1725)는 러시아 절대주의의 확립자로 알려져 있다.

적극적인 성격의 소유자였던 그는 당시 러시아가 유럽에 비해 경제적으로 뒤처져 있다고 판단해 신하들은 물론 자신의 긴 수염을 깎고 거추장스러운 옷을 유럽식으로 바꾸었다.

하지만 귀족들은 슬라브인의 긴 수염은 하늘이 준 것이라며 이를 지키려는 저항을 계속했다.

그는 수염을 자르는 것에 대한 귀족의 반대가 거세지자 수염을 기를 수 있게 하는 대신 '수염세'를 물리기로 결정했다.

그러자 세금을 내기 싫었던 러시아인들은 의외로 소중하게 가꿔 온 수염을 쉽게 깎아 버렸다.

독신세

역사적으로 짝 없는 이들이 온전한 사람 취급을 받기 시작한 건 근세의 일이다.

고대 로마의 아우구스투스 황제는 "생명을 만들지 않는 건 살인과 같은 중죄" 같은 극언을 서슴지 않았다. 인구 증가에 보탬이 되지 않으면 죄악이 되었다.

로마는 독신자들에게 세금을 물린 것은 물론이고 독신 여성이 자식 없이 50세가 되면 재산을 상속받지 못하게 했다.

독신세는 18세기 말 대혁명 이후 프랑스에서 부활하기도 했다. 프랑스령 캐나다에서는 한때 기막힌 법령이 시행됐다. 아들 20세, 딸 16세까지 혼인을 하지 못하면 그 부모에게 벌금을 물렸던 것이다.

이러한 황당한 세금들 중에는 부유한 사람들에게 매기는 세금이나 근대화를 위해서 정책적으로 시행된 세금도 있다. 나름대로 좋은 의미를 담고 있다고도 볼 수 있을 것이다. 하지만 국가의 발전을 위해 심사

사회적 감수성을 키우는 시민 교과서

숙고해서 만들어졌다기보다는 당장 파탄 지경에 이른 재정을 주먹구구식으로 충당하기 위해 만들어진 이유가 더 컸다. 그렇기 때문에 정당성을 얻기 어려웠고 시민들은 납부는커녕 오히려 크게 반발하여 사회가 더욱 어수선해졌다고 한다.

지금은 다르다. 법에 따라서 세금을 부과할 수 있으며, 시민들의 동의를 거쳐야 하기 때문이다. 그것은 바로 근대 시민사회가 만들어낸 것이다.

역사 속 세금 이야기 ⑤

에필로그

서기 2030년 시민연대국에서

오늘 처음 어머니가 된 당신께 보내는 편지

자녀의 탄생을 축하드리며 새로이 공화국(The republic of Korea)의 구성원이 된 당신의 자녀와 어머니가 우리나라에서 누릴 수 있는 권리가 무엇인지 시민연대국에서 안내해 드리고자 합니다.

2012년 그러니까 지금 어머니가 되신 당신의 어머니가 당신을 낳고 기르실 때와는 많은 것들이 변했습니다. 당시에는 우리나라 출산율이 세계 최저인 1.2명에 이를 정도로 아이를 낳지 않으려는 사람들이 많았습니다. 그만큼 아이를 낳아 키우기가 어려운 나라였다는 것이지요. 어떤 목사는 출산율을 높이기 위해 아이를 낳지 않는 여성은 감옥에 가두는 법을 만들어야 한다는 황당한 말을 하기도 했던 시기입니다.

당시 세계에서 최고로 길었던 우리나라 노동시간이 보여 주듯이 한국에 사는 대부분의 사람들이 아등바등 힘겹게 살았습니다. 세계 10위의 경제대국이라고 하지만 사람들이 느끼는 행복지수는 세계적으로 하위수준이었지요.

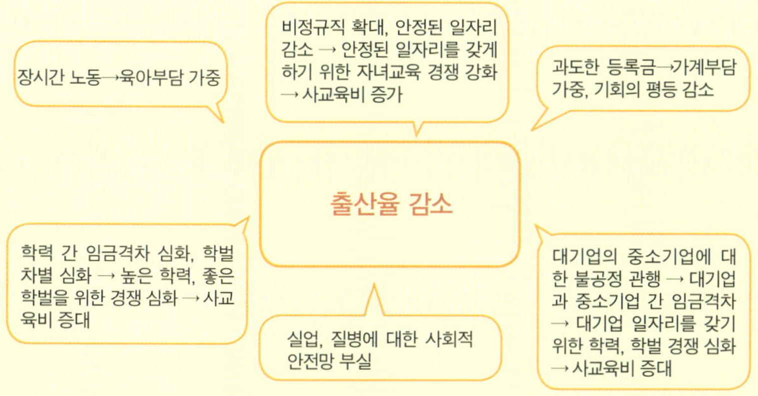

우리나라의 경제력은 세계적인 수준으로 커졌다고 하는데 아이를 낳고 키우는 것이 왜 이렇게 힘겨운 것인가에 대해 사람들은 고민하게 되었고 아이를 낳고 사는 게 힘겹지 않은 사회가 모두에게 행복한 사회라는 것을 깨닫게 되었습니다. 2012년 이후 사람들은 그런 행복한 사회를 만드는 비전을 보여 주는 사람들에게 정치권력을 부여하기 위해 적극적으로 투표에 참여했고 많은 변화를 만들어냈습니다. 변화된 2030년 우리 사회가 당신의 자녀를 위해 준비한 시민연대의 제도에 대해 알려드립니다.

2012년에는 아기가 태어나도 회사 눈치를 보느라 아빠가 쓸 수 있는 휴가가 하루 정도밖에 되지 않았습니다. 밤늦게 퇴근하는 아빠가 아닌 저녁을 함께 먹고 아이와 함께 놀아 주고 가족과 대화할 수 있는 시간을 이제나마 대부분의 아빠들이 갖게 된 것은 무척이나 다행스런 일입니다. 퇴근 시간 이후의 가족과 함께 보낼 시간을 갖는 것은 너무나 당연한 것이었지만 2012년만 해도 대부분의 아빠들은 아침부터 밤늦게 까지 회사 일에 묶여 늦은 밤 아이의 자는 얼굴만 확인하는 사람들이 많았습니다.

시민연대국에서는 기업들이 가족의 소중함을 인식하고 행복한 가족문화를 만드는 데 필요한 법정 노동시간을 존중하도록 많은 노력을 기울이고 있습니다. 밤 10시~11시까지 회사에 남아 일하는 것을 당연시하고 퇴근시간에 퇴근하는 것을 문제 삼는 노동문화가 일반적이던 시절이 있었습니다.

행복한 가족문화를 형성하는 데 이러한 노동문화가 악영향을 끼친다는 사회적 인식이 높아지면서, 사상 최고의 순이익을 올리는 대기업들이 먼저 나서서 '칼퇴근' 문화 정착에 협조한 것은 다행스런 일입니다.

이처럼 바람직한 기업문화를 만들어 가는 기업에 대해 시민연대국에서는 다양한 국가적 지원을 하고 있습니다.

아빠의 노동시간이 줄면서 엄마들에게만 맡겨진 양육부담이 줄어드는 효과가 있었고 사회적으로 일자리가 늘어나는 효과도 발생했습니다. 아이를 낳으면 어머니뿐만 아니라 아버지도 한 달간의 유급휴가를 받게 됩니다. 아버지들은 아기 엄마를 돕고 아기와 친해질 수 있는 기회를 가짐으로써 가족 간의 유대를 키울 수 있습니다. 건강한 가족이 건강한 사회를 만든다는 것을 말하는 데 그치는 것이 아니라 지금 우리 사회는 건강한 가족을 지키기 위한 실천들을 전개하고 있습니다.

"가사육아도우미를 일주일에 한 번 국가에서 가정으로 보내드립니다."

프랑스에서 이미 실시하고 있는 제도를 2030년부터 도입했습니다. 첫 돌 이전의 아기가 있는 가정에서는 이 제도를 신청하여 도움을 받을 수 있습니다. 육아의 피로로부터 여성들이 잠시 숨을 고르고 휴식을 취할 수 있도록 하며 동시에 일자리를 창출하는 복지제도라고 할 수 있습니다.

"아기가 큰 병에라도 걸리면 어떻게 할까요?"

2030년 공화국에서는 국가의료보험의 지원 비율을 80%까지 끌어올렸고 국비로 훌륭한 의사들을 키우는 국립의과대학을 설립하여 보건소의 수준도 크게 향상시켰습니다. 희귀병에 대한 국가적 지원을 강화하여 치료비가 없어서 죽을 수밖에 없는 사람들이 존재하는 야만적인 사회가 되지 않기 위해 여러 제도를 갖추고 있습니다. 암과 같은 큰 질병이 생기면 가족이 경제적으로 파산에 이르기도 했던 과거와 달리 갑작스럽게 찾아온 불행에 가족이 쓰러지지 않도록 사회가 함께 어깨를 나란히 합니다.

"아이가 커서 먹고 살아갈 일이 걱정되시는지요."

2012년 출산율이 낮았던 것은 아이를 기르기도 힘들지만 아이가 어른이 되어 살아갈 세상도 힘겨울 것이라는 비관적 전망 때문이기도 했습니다. 2030년 공화국에서는 그런 비관적 전망을 희망적인 전망으로 바꾸기 위해 필요한 것은 노동의 조건을 개선하는

사회적 감수성을 키우는 시민 교과서

것이라고 판단했습니다. 비정규직 일자리를 줄이면서 비정규직에 대한 차별을 없애고, 중소기업에 대한 대기업의 불공정 관행을 철저하게 감시하고 벌주어 대기업과 중소기업 간의 임금격차가 줄어들고, 실업이 곧 죽음을 의미하는 것이 되지 않도록 사회적 안전망을 강화했습니다. 경쟁에서 낙오되면 죽음이고 다시는 기회를 가질 수 없을 거라는 공포가 아이들과 부모들을 경쟁에 내몰고 행복은 끊임없이 미래로 유예될 수밖에 없었던 과거는 이제 잊으십시오.

오늘 아이를 낳으신 당신과 당신의 아이는 행복한 연대의 제도가 살아 있는 공화국의 시민입니다.

서기 2030년 시민연대국 올림

전국사회교사모임 은

인권, 함께 하는 공동체, 지속가능한 사회라는 가치를 존중하면서 사회교과의 대안적 방향을 모색하기 위해 연구활동을 하는 교사모임입니다.
사회교사로서 현실적이고 전문적인 방향감각을 갖추기 위해 정치, 법, 경제, 문화 등 사회과와 관련된 책들을 함께 공부하고 필요할 때마다 해당 분야의 전문가들을 초청하여 강연회를 열고 있으며 이를 바탕으로 다양한 수업자료를 개발하고 있습니다. 출간된 책으로는 『주제가 있는 사회교실』 『우리 사회를 움직인 판결』 『101가지 사회질문사전』 『사회선생님이 들려주는 경제이야기』 『사회 선생님이 들려주는 공정무역 이야기』 등이 있습니다.

사회적 감수성을 키우는 시민 교과서

| 펴낸날 | 초판 1쇄 2012년 2월 27일 |
| | 초판 7쇄 2018년 8월 29일 |

지은이	전국사회교사모임(김상희, 김준휘, 박재열, 이수영, 이진주, 장경주, 정민정)
펴낸이	심만수
펴낸곳	(주)살림출판사
출판등록	1989년 11월 1일 제9-210호

주소	경기도 파주시 광인사길 30
전화	031-955-1350　　팩스 031-624-1356
홈페이지	http://www.sallimbooks.com
이메일	book@sallimbooks.com

ISBN　978-89-522-1739-4　43320
살림Friends는 (주)살림출판사의 청소년 브랜드입니다.

※ 값은 뒤표지에 있습니다.
※ 잘못 만들어진 책은 구입하신 서점에서 바꾸어 드립니다.